わたしと宇宙を繋げて
すべてを手に入れる

「お金の絶対法則」

Noriko Ikari

碇のりこ

KADOKAWA

はじめに

はじめまして、碇のりこです。

たくさんの本の中から私の本を選んでいただき、ありがとうございます。

あなたが手に取ったこの本では、だれもが気になる「お金」について書かせていただきました。

いきなりですが、**あなたは「お金が入ってくるのはあたりまえ」と信じていますか?**

今の時代、水道の蛇口をひねると水が出てくるのは「あたりまえ」ですし、電気のスイッチを入れれば部屋が明るくなるのは「あたりまえ」ですよね。

それと同じように、**あなたにお金が入ってくることも、ほんとうは「あたりまえ」なのです。**

じつは、お金を引き寄せるにはこうしたマインドがとても大切です。

「引き寄せの法則」などの宇宙の法則が、多くの人に知られるようになってきました。あなたのマインドが出している波動が、あなたに起きるできごとを決めているということも、すでに多くの人が理解していますよね。

けれど、**多くの人は「お金」については思い通りに引き寄せることができずにいる**ようです。

そこで、「なぜお金を引き寄せること」や「豊かになること」が難しくなっているのか、その理由をお伝えしてから豊かな心というリッチマインドを身につける方法をご紹介することで、**だれもが「お金の絶対法則」によって幸せにお金を手に入れられる本**を書こうと考えました。

この本では、私がいつもどのように「リッチマインド」をキープしているかをお伝えしていき、だれにでもできる具体的なワークの形でご紹介していきます。

具体的にどうすればいいのかをていねいにご紹介していきますので、あなたもこの本を読み終える頃には、どうすればリッチマインドになれるか理解できるはずです。

そして、実際にやってみていただければ、**すぐにでもお金との関係に変化が起きはじめる**と思います。

ぜひ、楽しみに読みすすめてみてください。

ここで、すこしだけ自己紹介させていただきますね。

私は「リッチマインド」という会社を立ち上げて経営し、スピリチュアルセラピスト・心のブロック専門家・実業家として活動しています。

この本を手に取ってくださったあなたが、「お金が入ってくるのはあたりまえ」というリッチマインドを身につけて「お金の絶対法則」によって豊かに幸せになっていくことを願っています。

碇のりこ

目次

2章 お金の「マイナススパイラル」に入っていませんか？

3章 お金がザクザク舞い込む人になれる人、なれない人

気をつけて！　お金の流れが悪くなる人の特徴

4章　宇宙と繋がるとすべてが手に入る

5章 「お金に愛される人」の10のレッスン

6章 あなたのまわりも幸せにするとっておきの方法

STUFF

編集協力／金子めぐみ
ブックデザイン／和全（Studio Wazen）
DTP／白石知美（株式会社システムタンク）

序章

あなたのお金に対する
イメージを
確認してみましょう

「お金に対する思い込み」をチェック！

はじめに本書を読み進めていく前に、あなたがお金に対してどのようなイメージを持っているか、ここで確認してみましょう。

なぜかというと、お金のイメージにネガティブなものが入っていると、お金は入ってこないからです。

ネガティブなパワーの方がポジティブなパワーよりも強いので、ほんの少しでもお金に対して良くないイメージを持っていると、思うようにお金が入ってきません。

早速ですが、自分はお金に対してどんなイメージを持っているか、すべて書き出してみましょう。

◈あなたにとって、お金とは何ですか？

（例）出ていくもの、怖いもの、汚いもの……
夢を叶えてくれるもの、豊かさを得られるもの、自由になれるもの……

◈お金にまつわる悲しい思い出やつらい思い出はありますか

（例）親がお金のことで喧嘩していた
学費が足りなくて行きたい学校へ行けなかった

◈あなたの両親はお金についてどんなことを言っていましたか？

（例）「ウチにはお金はないからね」「どうせ悪いことをしてお金を得ているのよ」「お金を持つと性格が悪くなる」

◈お金のことを家族や友人と話すことはできますか？

いかがでしたか？

お金について、知らず知らずのうちにネガティブなイメージを持っていたという人も多いのではないでしょうか。

じつは、ネガティブなイメージが1つでもあれば、思うように入ってこないのが「お金」なのです。

ネガティブなものは無意識に受け入れようとしません。

そして、ネガティブな考えが出てきたら、自分と向き合うことが必要になってきます。

・どうしてそう思うのか？
・それは本当なのか？
・自分はどうしたいのか？

こんなふうに、自分に対して質問していくことで自分の心とどんどん対話していくことができるのです。

たとえば、あなたが、

「お金はすぐになくなる」

と考えているとします。

実際に自分の心と向き合い、対話してみましょう。


◈どうしてそう思うのか？
・小さな頃から親が「お金はすぐになくなる」と口癖のように言っていた。
・買い物をするときも不安で、お金がなくなる心配に襲われる。
・給料が振り込まれてもすぐになくなってしまい、次の給料までギリギリだ。

◈それは本当なのか？
・すぐになくなっているのは、無駄に使っているからかもしれない……
・お財布に入れている金額が少ないから、すぐになくなる印象なのかも……

・同じくらいのお給料でも貯金できている友人もいる……

◈自分はどうしたいのか？

・安心できるように毎月貯金をしたい！
・もっと収入を増やしたい！
・無駄づかいをやめたい！

こんなふうに、少し自分と向き合い、対話するだけでも、自分の思い込みを意識することができるようになります。

そして、そのことを意識することができるようになると、お金に対する軽い思い込みのブロックならあっという間に外れていきます。

お金に対するネガティブな思い込みがあるとわかったら、まずは自分と対話して、常にその思い込みを意識するようにしてみてくださいね。

1章

まずは「私のお金」を知ろう

「自分のお金」を把握できていますか？

私はお仕事の関係で、たくさんの女性と出会う機会があります。
そして、お金について悩んでいたり、もっとお金が入ってきてほしいと望んでいたり、お金のことで不安を持っていたりする人は多いのに、**実際に自分のお金についてきちんと把握している人はほとんどいない**ということには驚きました。

ダイエットにたとえるとわかりやすいと思います。
何も行動を起こさずに、ただなんとなく「痩せたいなあ……」と思っているだけでは、体重も体型も、何も変わりませんよね。

じつは、お金についても、それと同じなんです。

今の自分の体重を知るために体重計に乗ることと同じで、まずは自分のお金について知ることがとても大切。

そこからあなたが望むような状態に向かい始めるので、まずは今の自分のお金に関する現在地を把握していきましょう。

自分の現実的な「お金の現在地」を知る

今の自分には、どのくらい収入があってどのくらいの支出があるか、あなたはわかりますか？

収入は、会社勤めをしていればお給料の明細書などで数字を目にしているかもしれませんが、支出をしっかりと把握している人は少ないのではないでしょうか。

「何度も家計簿にチャレンジしたけど、私には無理……」

と言う声が聞こえてきそうですね（笑）。

毎日きちんと家計簿がつけられない人でも大丈夫。私も細かい家計簿はまったくできません。そして、細かいことが好きな人以外は続かないのでおすすめもしていません。

大ざっぱでいいので、自分のお金について書き出してみることから始めましょう。


ダイエットを始めるときに体重計に乗ることが怖いと感じる人は、今まで自分のほんとうの体重を見たくない、知りたくないと思っている人ですよね。

それと同じで、お金についても、本当の状態を見たくない、知りたくないと思っている人が今までこうした作業をしてこなかった人です。


ダイエットはこれからなのですから、今の状態が太っていても痩せていてもいいんです。

まずは体重計に乗って今の自分を知ることで、目標を決めることができます。
お金についても、それと同じ。今の状態はお金がないとしても大丈夫。

「知ることが怖いし、きっとがっかりしてしまう……」

と言う人もいますよね。
私はそういう人に、
「早く〝がっかり〟しちゃって！」
と言いたいぐらいです（笑）。

早く自分のお金について知ることができれば、その分早くスタートできるのですから有利になりますよね。

まずは自分のお金ときちんと向き合うことで、あなたの「お金の現在地」を知ることができるので、目標とする場所を決めることもできるのです。

車で言えばナビゲーションシステムと同じです。まずは、今いる場所（＝「お金の現在地」）がわからなければ、目的地までの距離はわかりませんし、そこまでどういう手段・道筋を使うのか決められません。

現在地を把握して目的地を決めれば、ナビがゴールへ向かう道を案内することができるように、お金の目的地を決めてそれに向かい始めることができるのです。

「お金の現在地」を知って「目的地」を目指そう！

ナビシステム

目的地

今の状態を知る

↙ ↘

今のままでいい

もっとお金が欲しい

↓

どのくらい欲しいか
決める

↓

理想の未来に
向かっていく

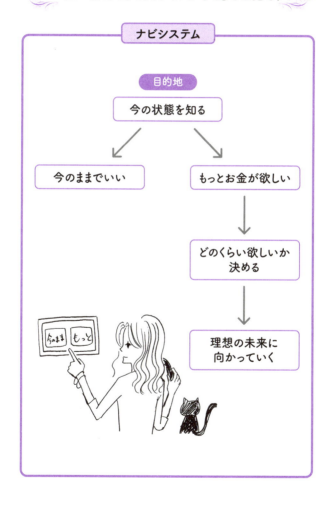

1か月に1回はお金を見直す時間をきちんと取る

お金はいつも「現実」を知ることがとても重要になってきます。
さあ、「お金の体重計」に乗る覚悟はできたでしょうか（笑）。

・毎月入ってくるお金

これはすぐに書ける人が多いと思います。
それでは、

・毎月出ていくお金

を一緒に見ていきましょう。

まずは毎月必ず出ていくお金、「固定費」を書き出します。

家賃や住宅ローン、光熱費、電話などの通信費、保険料など、毎月必ずこのくらいは出ていくという金額がありますよね。それが「固定費」です。

固定費は、1度きちんと把握すれば、あとは毎月ほぼ同じくらいなので、頑張って金額を書き出してみましょう。

それから、今月は何にいくらくらいつかったかを個別に書き出します。

食費、外食費、好きなもの、交通費など自分が何にいくらつかったかを、大ざっぱでいいので書き出してくださいね。

めんどくさかったら、ここも大体でOKです。まずは深く考えずに実際にやってみましょう。

こうした支払いは毎月変わるので「変動費」と言います。変動費は毎月変わるので、お金を何につかったか、お気に入りのノートに書いていきましょう。

こうして「お金の現在地」を知ることは、1か月に1度はきちんと時間を取って向き合うことが大切です。

女性は特に数字が苦手な人が多いですが、苦手という人にはお金が入ってこないことが多いのです。

ですので、ここで**しっかりと自分のお金の数字と向き合ってくださいね。**

自分の「お金の流れ」をざっと確認！

お給料　　　万円

固定費

家賃	万円
光熱費	万円
保険	万円
子ども	万円

変動費

食事、外食費	万円
好きなもの	万円
お小遣い	万円

※細かくなりすぎないようにするのが重要です！
あくまで「ざっと」でOK！

入ってきたお金		出ていくお金		残ったお金
万円	−	万円	＝	万円

怖がらずにお金と向き合ってみる

ここまで読んで、自分の「お金の現在地」を知ることの大切さは理解できたのに、それでも自分のお金と向き合うことが不安で怖い、と言う方もいるかもしれませんね。

人はなぜ自分のお金について知るのが怖いのでしょうか？
なぜ、知りたくないと感じるのでしょうか？

ダイエットなら体重計に乗ることが怖いと感じるのは、

・太ってたらどうしよう……

と思うからですよね。

お金の場合は、

・思った以上にかかっていたらどうしよう……
・お金があまりなかったらどうしよう……

ということになります。

でも、先ほどもお話ししたように、**がっかりしてしまっても大丈夫**なんです。

結果を見て落ち込む必要はなくて、**これからどうしたいか、を決めればいいのです。**

もしもがっかりしてしまったのなら、これからやり方を変えていけばいいだけです。


いろいろなダイエット方法があるように、お金にもいろいろな方法があります。

お金の場合には、大きく分けると「増やす」「貯める」方法のどちらかになりますが、これはどちらが良いということはありませんので、好みやタイプで決めましょう。

目的地をしっかり決めたらいろいろな行き方がありますが、細かいルートを考えたり決めたりしないこと。

思ってもみないルートで叶っていくことが多いのです。

だから、最初だけ怖いかもしれませんが、**怖がらずにまずは今の自分の状態をきちんと把握することから始めましょう。**

お金は「増やす」か「貯める」のどちらか！

「増やす」方法

- 転職する
- 起業する
- 投資する
- 副業をする
- 夫に稼いでもらう　など

「貯める」方法

- コツコツ貯める
（節約・ムダをやめる　など）
- 一気に貯める
（ボーナス一括貯金、〇〇をやめてその分を貯金する　など）

収入より支出が多くなってしまっている人は？

自分のお金と向き合ってみることができたら、この先どうしていきたいのか自分と話し合ってみましょう。

入ってくるお金よりも出ていくお金が多いということがわかったとしたら、**自分を責めるのではなく、今わかって良かったと思うようにするといいですよ。**

必ず「自分を責めない」「だれかのせいにしない」は自分と約束してくださいね。ただ、受け入れるだけでいいのです。

そんなふうに収入より支出が多いという人は、お金についての何らかのブロックがあるんですね。

お金のブロックには、マンツーマンで対応してもなかなか外すのが難しい本質のブロックもありますが、自分が意識しながら行動することで外れていく軽いものもあります。軽いものなら、日々の生活の中で意識することで外れるものも多くあるのです。

収入より支出が多いことがわかったら、

「なぜ、こんなにつかっているのか？」

1度向き合ってみましょう。そこから、

「お金をつかったときに喜べるかどうか？」

ということをまずは意識して、日々お金をつかうようにしてみてください。

すると、「お金をつかっていても、喜べない」「お金をつかうのが嬉しくない」「お金をつかったとき、なぜか心が満たされない」「罪悪感がある」という使い道がみつかってくるはずです。

たとえば、

- **買う瞬間の喜びのために洋服を買っている**
- **付き合いで飲み会や合コンに参加している**
- **SNSで見栄を張るために外食している**
- **特売の商品を「安いから」という理由で買っている**

いかがでしょうか。こんなふうに「お金をつかっても嬉しくない」と感じるときをしっかりと意識してくださいね。

すると、人は嬉しくないこと、楽しくないことは自然と避けるようになりますから、こうした**「心が満たされないこと」にお金をつかわなくなっていきます。**

こんなふうにして、お金の軽いブロックは外れていくのです。

「借金がある」という人は？

自分のお金と向き合ったとき、借金があるという人もいるかもしれません。

なんとなく手元のお金が足りなくなったら借りて、返せるときには返して……をくり返しているようなら、お金が出ていくことに関する意識をしっかりと持つことが大切になります。

だれにでも失敗はありますから、たまに無駄づかいしてしまって、

「あ～、やっちゃった～！」

というときはあります。

そんなときは、しっかりとそのことを意識すれば大丈夫です。

でも、**問題なのは、「お金をつかった感じもない」のに出て行っている場合**です。借金があるという人には、こんなふうに「何につかっているのか」を把握できていないまま、なんとなくお金が出て行くという人が多いのですね。

自分が何にお金をつかっているのか、しっかりと見直して意識することから始めましょう。たとえば、普段の生活にお金をつかいすぎているなら、いったいどの部分にお金をかけすぎているのか、なぜ自分はそうしてしまうのか、自分と対話してみてくださいね。

私がやった方法があります。

それは、「家の中のものを1度集めてみる」というやり方です。

ドレッサーとバスルームなど同じような分類を1度集めてみると、買い方のクセがわかります。

そのときのマイブームで買っているもの、安かったから買っているもの、好きで買っているもの、いろいろとあると思います。

そこで同じようなものがあるときに、自分と対話してみるのです。

たとえば、

なぜ同じようなものがいっぱいあるのだろう？

←

安かったから

←

なぜ安いと買っているのだろう？

←

お金が安くすむから

←

なぜお金が安くすむと思っているのだろう？

←

お金を少しでも浮かせたいから

←ほんとうにお金は浮いている？

←**浮いていない。それよりも安いからという理由でたくさんつかっている**

というような対話をしてみると、なぜ同じようなものが増えているのかがわかりますよ。

私はこの方法で「不安で買っていた」ことがわかり、すぐにやめた経験があります。

もちろん、このまま購入していてもいいですし、やめてもいいのです。

大切なことは、自分を知って、**そのあとどうなりたいかを自分で決めるようにする**ことです。

自分を知ることで、浮いた分のお金は他のものが購入できますし、家族のためにお金をつかうことができますよね。

無駄にお金をつかってしまうということに対しては、心が満たされていないからそうしてしまうという、心のブロックがあります。

どうしたら自分の心が満たされるのか、自分との対話でみつけていくことで、心を満たすためにお金をつかえるようになっていきますよ。

「節約して貯金ばかりしている」という人は？

お金を貯めることはもちろん悪くありませんし、多くの人は小さな頃から親に「お金は無駄づかいしないで貯めなさい」と言われて育っているのではないでしょうか。

貯金するなら、貯金が楽しくて、ワクワクするような目的のためにぜひやってください。

たとえば、

- **家族でハワイ旅行に行くために貯金する**
- **学びたいことをみつけたので、そのために貯金する**
- **将来、独立起業したいのでそのために貯金する**

こんなふうに、楽しい目的のために貯金すると叶ったときには楽しく、嬉しい気持ちでお金をつかっていますよね。そうすると、私たちの意識では、お金とは「楽しいもの」「叶うもの」と認識して、また何かをするためのお金が入ってきます。

注意しなければならないのは、**不安な気持ちから、楽しくない貯金をしてしまうこと**です。

- **夫が病気になったら困るから貯金する**
- **万が一のときのために貯金する**
- **何かあったら不安だから貯金する**

こんなふうに、**不安や恐れから貯金してしまうと、「お金は不安なもの」と意識が認識して、そのまま叶えようとするため、結果的に貯めたお金を失うことになってしまいます。**

病気や万が一のことが起こったり、不安な出来事が次から次へと起こってきます。

また、もうひとつ貯金に関しては注意しなくてはならないことがあります。

それは、**宇宙の法則には、「空間があれば埋めようとする」働きがある**ということです。

たとえ失うことがなかったとしても、空きがないまま貯金していると、そこにはもうお金が入るすき間がないので、それ以上大きなお金は入ってこなくなります。

お金は、「つかって増やす」という感覚で、自分の心が満たされる楽しいことやワクワクすることにつかいながら、その空間にまたお金が入ってくるという流れをつくるといいのです。

そうすると、お金が循環していくので徐々に大きなお金も入ってくるようになります。

ですから、貯金するときは「楽しいことのためにつかう」という目的を持ってするようにしてくださいね。

これは節約も同じです。良いことだと教えられて育った人が多いはずですし、決して節約が悪いということではありません。

ただし、「節約が楽しい」と感じていないのに、お金がなくなる不安から節約しているのなら、それは「お金の循環」を止めてしまっていますから大きなお金が入ってこなくなってしまうので注意が必要です。

節約も、それ自体が楽しくてワクワクしながらやっているならいいのです。節約が好きで楽しい、という人はいろいろなアイデアを出して、節約を楽しむことができますよね。でも、「なぜ、節約が楽しいのか」も1度自分を疑ってみましょう。「自分を知る」にも良いチャンスです。このときに「お金の不安」が少しでも入っていたら「節約してもお金がない状態」になっていきます。

お金を失う不安から我慢して節約をしていると、心が満たされないエネルギーが続きますから、やはりお金の流れを止めてしまいます。

じつは、「節約をしすぎる人」もお金に関する心のブロックがある人が多いのです。

ブロックを外すには、自分がほんとうに納得できるような役立つことにお金をつかうようにしていくといいですよ。

- **何かを勉強するなどの自己投資にお金をつかう**
- **何かをする人を応援するために投資する**
- **自分の心が豊かになれるものにお金をつかう**

こんなふうに、自分が成長できるもの、人の役に立つもの、自分の心が幸せになるためにお金を流すようにすると、少しずつ心のブロックが取れていき、お金の巡りも良くなっていきます。

「モノをたくさん買ってしまっている」人は？

お金について見直す時間をしっかり取ることで、モノをたくさん買いすぎていることに気づいた人もいるでしょうか。

家のクローゼットにはたくさんの服があり、あふれるくらいなのにまだ洋服を買ってしまう人や、靴箱に入りきれないほど靴を持っているのにさらに靴を買ってしまう人も多いようです。

洋服や靴ではなくても、化粧品、日用品などの雑貨、趣味の道具など、人それぞれ「なぜか必要以上に買い込んでしまう」モノがありますよね。

自分がほんとうに心から欲しいもので、お金をつかったときにもワクワク嬉しくて、その

後それをつかっていても気持ちが上がるというものならお金をつかっても心配ありません。

けれど、自分でもなぜそれが欲しいのかよくわからないまま、欲望のままに買ってしまっているものがあれば注意が必要です。

洋服や靴、化粧品など自分が好きなものでも、買った後に「もったいないことをしちゃった……」「似たようなものを持っていた……」というように罪悪感を持ってしまうようなら、そのお金のつかい方は意識しておきましょう。

モノを買うときには、買うことで満足していないか、それとも自分の心がほんとうに喜んでいるかを感じるようにするといいですよ。

また、消耗品だからといって、トイレットペーパーやティッシュペーパー、洗剤などの日用品や、保存できる食品がスーパーなどで特売になっているとたくさん買ってしまう人もいると思います。

じつは私自身、以前、あまりお金が入ってこなかった頃はそうしていたので、気持ちはよく理解できるのです。

・**安いときに大量買いした方が得**
・**今買っておかないと損してしまう**
・**不安だからとりあえず買っておく**

こんなふうに、「損したくない」「不安」という気持ちからモノを買ってしまっているのですよね。

しかし実際は、特売品を買うついでに必要のないモノも一緒に買ってしまっていたり、わざわざ特売のお店まで行く時間と労力を使っていたりするものです。

その上、**モノが増えると家の中はパンパンになってしまい、空間がなくなりますから、良いモノが入るすき間がありません。**

先ほどお話ししたように、宇宙の法則では「空間があれば埋めようとする」のですが、安いモノでいっぱいになってしまっていては良いモノやお金が入ってくることができません。

ですから、「安物買いの銭失い」という言葉がある通り、お金を失っているという結果になるのです。

あなたも、必要ではないモノを買いすぎていないか、安いからといってたくさん買いすぎていないか、意識してみてくださいね。

2章

お金の「マイナススパイラル」に入っていませんか？

「ないこと」ばかりに目を向けない

たとえあなたが意識していなくても、あなたの頭の中ではいつも忙しくいろいろなことを考えています。

この「意識していなくても考えている」というのが、じつはとても大切なことなのです。子どもの頃に身につけてしまったお金に対するマイナスのイメージや、お金を素直に受け取ることのできない何らかのブロックなどが、あなたの日ごろの思考を左右しているからです。

無意識のうちに、

・**お金がない……**

・みんなが持っているあのバッグがない……
・私だけ彼氏ができない……
・海外旅行に行けない……

というように、**あなたのまわりの「ないこと」ばかりに目を向けていないかどうか**意識を向けてみてくださいね。

今のあなたの環境で「あること」「豊かなこと」に目を向けられるようになれば、豊かな波動が出るようになっていき、同じ波動を持つ豊かなものを手に入れられるようになっていきます。

・優しい家族がいる
・快適に過ごせる自分の部屋がある
・お金をいただける仕事がある

・一緒に遊べる友人がいる
・好きなものを買えるお金がある
・たまには旅行にも行っている

こんなふうに、「あること」に目を向けるようにちょっと意識するだけで、あなたのエネルギーの波動は変わり始めます。
「あること」に目を向けていると感謝の気持ちが湧き、波動が高まりますからお金に関する波動も高まり、のちには大きなお金を引き寄せるもとになっていくのです。

「ない」を数えている人生なのか、「ある」を数えている人生なのかで、今後の人生に差が出てきます。

他人と比べてばかりいても意味はない

もしかするとあなたは、他の人と自分を比べてしまうことがありませんか？

・あの人には恋人がいるのに自分にはいない
・あの人の家はもともとお金持ちなのに私の家はごく普通の家庭
・あの人はやりがいのある仕事でキラキラ輝いているのに自分は近所でパートの仕事
・あの人の夫は高収入なのに自分の夫は低収入

こんなふうに今の環境を比べてしまったり、持っているもの、住んでいる場所、乗っている車などを比べてしまったりしていないでしょうか。

じつはここに潜在意識の落とし穴があるので、よく注意しておいてほしいのです。

少し難しい話ですが、**潜在意識は「主語」を理解できません。**

そのために、あなたが、

「人の豊かさが悔しい」

と考えてしまうと、潜在意識では、

「豊かさ」＝「悔しい」


というように理解してしまうのです。

そうすると、どうなるかというと……

そう、**「豊かさは悔しいということが引き寄せられる」**という現実になってしまいます。

ということは、「豊かになってはいけない」ということがたくさん起こってくるということです。

だから、**どうしても人と比べてしまうことがやめられないときは、相手の豊かさをあなたの喜びにしてみるといい**のです。

「人の豊かさが嬉しい」

と思えるようになれば、潜在意識では、

「豊かさ」＝「嬉しい」

と理解しますから、あなたも豊かさを手に入れられるようになっていきます。

こんなふうに、他人の豊かさを心から喜べるようになることは、自分に対して豊かさを許していくことになりますから、あなたもぜひ心がけてみてくださいね。

もし、どうしても「嬉しい」と思えないときは、次の豊かさがやってくるのは「私の番」だと思ってみる。豊かな人がそばにいるということは、同じ波動なので、自分も豊かになりやすいのです。他人の豊かさが悔しい、嫌だという気持ちのままでいると、波動が下がってしまい、次の豊かさがやってきません。

それでも喜べない、嫌だと思うときは、1度自分をみつめなおしてみるといいのです。「なぜ、悔しいのだろう？」「なぜ、喜べないのだろう？」「なぜ、嫌なのだろう？」「私だって本当は、そういう豊かさを手に入れたい」。けれど、手に入っていない自分が悔しいのです。

悔しいと思うことは、「自分も手に入れられる」と心の奥では思っていることでもあるのです。手に入れられるのにまだ手に入れられていないだけ、それを素直に受け入れてみる。

「私も、手に入れたい」

となったときに、波動が高まり、自分の現実が変化を起こし始めます。

「自分には価値がない」なんてこと、ありえない！

あなたは自分に自信がありますか？

「自信」というのは自分を信じる力があるということです。
この、自分を信じる力があるかどうかが、お金にも深くかかわってきます。
これを「自己肯定感」と言って、自分のことを認めてあげることができる人は現実でも良い結果を手にすることになるのです。

たとえば、お金に関して言うと、自己肯定感が低い場合、

【自己肯定感が低い】

自分には難しい仕事はできないと判断してしまう
↓
無意識のうちに時給の安い仕事を選んでいる
↓
お金があまり入ってこない

という結果になってしまいます。ところが、自己肯定感が高い場合、

【自己肯定感が高い】
↓
自分にもできるかもしれないと考える
↓
報酬の高い仕事にもチャレンジできる

↓
お金がたくさん入ってくる

という結果に変わるのです。
あなたの意識はどちらに向いていますか？

必要以上の不安を抱える必要なんてない

あなたは、たくさんの不安を抱えて生活していませんか？

不安というのは、だれもが持っているものです。
それは、**人間が本能として自分を守るためのものですから、不安がまったくないという状態にはならないようにできている**のです。

ですので、ある程度であれば、不安があるからこそ、それがパワーになって頑張れるということがあります。

けれど、不安のあまり行動ができなくなったり生きにくくなったりするほどたくさんの不安を抱えているとしたら、それはとてももったいないことです。

必要以上の不安は、お金を遠ざけてしまうのです。

テレビドラマ制作の関係者の方が言っていた話です。ドラマ撮影のときはお金持ちの家のセットはスッキリとしてモノが少ないのに対して、貧乏な家のセットになればなるほど家の中にはたくさんのモノをごちゃごちゃと置くのだそうです。それは、リアリティを出すために多くのリサーチをした結果だそうで、**お金持ちの家はとてもシンプルで無駄なモノが少ない**そうです。

きっとあなたにもイメージできますよね？

それでは、なぜお金のない人の家にはモノが多いのかというと、「不安」だからなのです。

・「お金がなくなったらどうしよう」という不安でモノを捨てられない

・安いモノを買うので大切に扱わず、なくしたと思ったら不安になってまた買うのでモノが増える

・「損したくない」という不安から安売りのときにたくさん買い込む

こんなふうに、たくさんの不安を抱えてしまっている人ほど、モノが増えていくのです。

そして、モノが増えると家の中が散らかって片づかなくなり、必要なモノがみつからず、また買ってくる……という悪循環になってしまうのですね。

これって、お金も時間ももったいないですよね。私の経験談でもあります（笑）。

それから、お金には不思議な習性があるので、ここでご紹介しておきましょう。

あなたがお金を貯めるときに、

・病気や事故など、何かあったら大変だから
・いきなりリストラされたら困るから
・急な出費のためにそなえておかないといけないから

というように、「不安」のために貯めていると、ほんとうに不安に思っていたことが起きてお金をつかうようになります。


これは、宇宙の法則はその人が思っていることを常に叶えてくれるということなのです。

つまり、お金の不安が大きければ大きいほど「お金はない」と潜在意識は認識していて、いつもお金の不安が起きるようなことが起こり、お金がない状態にしてくれます。

無意識のうちに不安なことをいつも考えていると、その不安がほんとうに現実になってしまうのですね。

このお金に対する不安が大きい人は、その不安をノートに全部書きだしてみてください。

- **リストラにあったらどうしよう。**
- **病気になったらどうしよう。**
- **お金がなくなったらどうしよう。**
- **何かが起こったらどうしよう。**

こういう不安を全部書きだしてみましょう。そうするとわかることが出てきます。「こうなったらどうしよう」はすべて自分の中の妄想で起こっていることなのです。今起きている事実ではないですよね？

私たちは妄想で不安を大きくし苦しんでいるだけなのです。未来は決まっていません。未来が決まっていないなら少しずつ楽しい未来に目を向けることでお金の不安から抜けだすことができるようになりますからね。

自分を大切にする時間を取りましょう

お金は循環すると言われています。それは宇宙の法則で正しいのですが、すべての人に同じように循環するわけではありません。

人によってはある時期、

「なぜかお金が出て行くばかり……」

と感じられるときもあります。

そんなときは、**「エネルギーの波動が下がっているとき」**なんですね。

・疲れているとき

・ネガティブになっているとき
・寝ていないとき
・体が休まっていないとき

こんな状態のときにはエネルギーが不足して、それと同じようにお金も不足していきます。

エネルギーが不足しているときには、思考もまわりません。

そうすると考えずにお金をつかい、その場限りの自分を満たすことにお金をつかうようになります。そして、お金をつかっている感覚も失われていき、お金の感覚がどんどんマヒしていきます。

疲れているときは、とくにお金が出ていくのはこのためです。

現代の女性は多くの方が仕事をしていますし、家族がいれば家事もすべて自分でしている方も多いようです。

もちろん、自分が楽しいことならいくらでもすればいいですし、楽しい嬉しいと感じているときはエネルギーの波動は下がらないので心配はいりません。

でも、自分が本音では楽しいと感じていないことを「やらなくてはならない」と思いこんで頑張ってしまうと、心も体も休まらない状態がつづいて疲れてしまいます。


心が悲鳴を上げてエネルギーの波動が下がっていると感じたら、仕事のペースをゆるめたり、食事作りはお休みして外食したり、お風呂にゆっくり浸かったり、アロマを焚いたりしてみましょう。

自分の好きなこと、たとえば、エステに行く、マッサージに行く、温泉やスパに入って癒す、カフェでゆっくりコーヒーを飲む、本を読む、映画を観るなどしてもっと自分を大切にしてあげてください。

自分を大切にする、自分を癒す、自分を労わる時間はとても大切です。

なぜなら、自分を大切にできないときはお金も大切にできず、お金も出て行ってしまいます。


エネルギーの波動が下がってしまったときには、いったん体の力を抜いて自分を休ませる時間をつくってあげましょう。

罪悪感を持たずにたっぷりと睡眠を取って、自分が心からリラックスできる時間をしっかりとつくるのです。

すると、潜在意識につながりやすくなり、エネルギーも復活してきて、お金のマイナスのスパイラルから抜けることができます。

「私を大切にして豊かになる」ということ

この章の最後に確認させてください。

あなたは、「私」という存在を大切にしていますか？

「お金」と「私」はイコールです。

ですから、**自分自身を大切にしていない人は、お金も大切にしていないということ**になります。

「どうせ私なんて……」と思っている人は、「どうせ私なんかにお金が入ってくることはない」と思っているのと同じです。

「私なんて必要ないんだ！」と思っていたら、「お金なんて必要ないんだ！」と思っていることと同じです。

「私なんて好きになれない」と思っていたら、「お金なんて好きになれない」ということと同じなのです。

「私の価値がない人」は、お金の価値も低くなっていって、お金は入ってきません。

そのくらい、私とお金はイコールです。

だから、**お金が入らない人は、自分自身をまずは大切にすることから始めましょう。**

次の章から具体的に見ていきますが、お金を手に入れて幸せになるためには、自分自身を大切にして、自分を愛することがとても大切になってきます。

自分自身が自分の価値そのものを認めて愛していくと、心から幸せになっていきます。

幸せになると人さまの役に立つことができます。

その役に立った分だけお金が入ってきます。

自分の価値を認めて自分が高まると、大きなお金を受け入れることができます。

お金の流れは、「私」の中から生まれていますし、自分がつくっているのです。

だからお金の循環をもっと良くするには、自分自身を「一番大切な存在」として大事にしてあげることであり、それによって自らが高い波動を放ち、高いエネルギーとして返ってきます。

お金は愛のバロメーターですので、愛がないところにお金は入りません。

もし入ってきたとしても、それは一時的なものになってしまうでしょう。

自分自身を愛でたっぷりと満たすことで、心からの豊かさが手に入ります。

このことを忘れないでください。

3章

お金がザクザク舞い込む人になれる人、なれない人

お金がどんどん入ってくるようになるには？

ここからは、リッチマインドについてのお話です。

お金が豊かに入ってくる人とそうではない人は、いったいどこが違うのでしょうか。

私は会社の経営者という立場で仕事をしながらＳＮＳの運営もしていて、心から豊かだなと思える生活になりましたが、けっして若い頃から豊かだったわけではありません。

ですから、お金がないと感じている人の気持ちにも共感できますし、考え方を変えてリッチマインドにすることで本当に運気がアップしてお金が入ってくるようになるということも経験しています。

そして、心から豊かになることで自分のいるステージが変わり、出会う人もさらに上の豊かな方々と出会うことが多くなっていると感じています。

彼らのようにお金が入ってくる人を実際に見ていると、さらに豊かな人たちのマインドがどういうものなのかもわかってきました。

「お金がどんどん入ってくるようになるにはどうしたらいいの？」

と考えているあなたに、私が実感したことをお伝えしていきますね。

◈豊かにお金が入ってくる人たちの特徴

自分の価値を認める

大きなお金を手にする人は、自分の価値を認める人です。

自分の価値を認めると、自分を信じることができるので行動にも迷いがなくなり、また、自分のやりたいことをするときのハードルも低くなるので行動量が増えます。

行動量が増えれば必然的に成功することも増えますから、お金が入ってくることになり、自分に対する肯定感がアップします。

そして失敗を恐れない。失敗しても、それはうまくいくプロセスだと知っているので自分の価値と失敗を切り離して考えています。

そして、自己肯定感がアップするとさらに自分の価値を高めていけますから、より大きなお金が入ってくるという好循環が生まれるのです。

人と比べずに「自分に集中」する

私が出会う豊かな方々は、常に「自分に集中」しているように見受けられます。

自分に集中しているということは時間を忘れるくらい無我夢中で動いているので人と比

べている時間はないということですね。

そして**お金が入ってくる人はいつも「今、自分がやりたいこと」がハッキリしているので、目標を持ってそれに取り組んでいる**という印象です。

みなさんとても生き生きとしていらして、年齢よりも若く見える方が多く、一緒にいるだけで私もパワーがもらえるような感じがします。

「他の人ができたなら私もできるはず」と考える

経済的に余裕のある人たちは、成功者を目にしたときに心から祝福することができます。

そして、それだけではなくさらに、

「あの人にできたのなら、自分にもできるはず」

というとらえ方をしています。

成功を他人事ととらえずに、自分も豊かになれると思えるので行動にうつすことができ、結果がついてくるのでさらにお金が巡ってくるという好循環になるのです。

「不安があっても大丈夫」と理解し、その不安をパワーにする

お金が入ってくる人は、「不安」の扱い方がとても上手です。

たとえ不安を感じたとしても、そこに大きなチャンスがあればリスクがどの程度なのかをきちんと検討し、その上でチャレンジしていきます。

これが、不安をパワーにできるということです。

新しいことを始めるときには、結果がわかっているわけではありませんからだれもが不

安を感じます。

豊かな人はそれを理解しているので「不安があっても大丈夫」と落ち着いた気持ちで判断ができるのです。

成功した方のお話しで良く聞いたのが「不安があったから頑張れた。不安になりたくなくて無我夢中でやってきたら、不安がずっと後ろにあった」これこそが不安をパワーに変えたということですね。

すると、チャンスをつかむことができますから、ますますお金が入ってくるんですね。

自分の理想の未来を「楽しみ」だと感じる

お金が入ってくる人は、自分の理想の未来になるためには「やらなければならないこと」とは考えず、「楽しみ」に感じて行動しています。

「どうやったらお金が増えるかな?」

と、常に楽しくてワクワクした気持ちでリラックスした状態でお金に意識を向けているので、彼らには直感が降りてきて、アイデアが生まれやすいのです。

そして、理想の未来を手にするための行動を決めたら、それを楽しみながらやっていくと、お金が入ってくるというわけです。

私自身も、日々、

「どうしたら読者さんが喜んでくれるかな？」
「受講生さんの知りたいことはどんなことだろう？」
「どんな商品を欲しいと思っているのかな？」
「クライアントさんはどうやったらもっと豊かになれるかな？」

というように考えながら、ワクワクしながら仕事をしています。

現状に満足せず「もっと良くなりたい」と常に思っている

お金が豊かに入ってくる人たちは、とても心が元気です。

ですので、自分自身を成長させながら「もっと良くなりたい」と思っていますし、そのための行動もしています。

「現状に満足せず」というのは「感謝しない」ということとは違います。

今の状況に充分感謝の気持ちを持ちながら、さらに高い場所を目指しているのです。

豊かな人たちは新しい情報には敏感ですので話題も豊富で、話をしていてとても楽しい人が多いですね。

私も豊かな人たちに直接お目にかかる機会があると、たくさんのプラスのエネルギーをもらえていると感じます。

「常識」という枠を広げている

お金が入ってくる人は、「常識」という言葉に縛られることがなく、自由に「常識」の枠を広げています。

自分がいつもフラットな状態で世の中を見ていますので、つまらない小さなことで腹を立てたりすることもなく、他人を常識で縛るということもしません。

私はいつもセミナー受講生の方にお話ししているのですが、「常識のことしかやらなければ、常識の収入しか入らない」のです。

常識の枠を小さくしてしまうと、入ってくるお金も小さくなってしまいます。

私が起業するときも、常識の枠を外していきました。

当時、「スピリチュアル」という分野は、まだ世間に広く知られていなかったので、誤解も多く「怪しい」と言う人もいたのです。

けれど、私は人から「常識と違う」と言われると、トキメクのです（笑）。

なぜなら、今の常識と違うということは、ビジネスとしてこれから期待できる分野だと思えるからです。

ですので、私は自信を持って「スピリチュアル」の素晴らしい世界をみなさんに紹介することを始めたのです。


たとえば、心の問題を解決するための「カウンセリング」も、アメリカから日本に入ってきた当時は世間一般の人には理解されず「怪しい」と言われていました。

けれど、１９８８年には大学院で学ぶ必要がある「臨床心理士」という資格ができて医療の一部として取り入れられるようになり、２０１７年には「公認心理師」という国家資格が誕生しています。

どのような分野でも、先駆者は後から学びたいという人の指導者となることが多く、より大きなお金を手にすることができます。

一般的な常識とは違うことに興味を持てるかどうかは、自分の常識の枠で決まってしまうので、自分が持っている常識の枠を外していくとお金が入ってくるようになりますよ。

マインドを先に変えている

今はお金に関する本もたくさん出ていますよね。あなたも、いろいろなお金に関する情報を受け取っていると思います。

では、お金持ちになるためのノウハウがこれだけあふれているのに、なぜ実際にみんなが経済的に豊かになれないのだと思いますか？

それは、マインドが違うからなんです。
どんなに「成功法則」と言われるようなノウハウ通りにやっても、**心がお金を受け取ることを拒否していたらお金は入ってきません。**
どんなに頑張っても頑張っても、心が「貧乏」のままだったら、入ってくるお金を心が抵抗してしまうので、お金持ちにはなれないのですね。

ですから、ノウハウを先にするのではなく、マインドを変えることを先にすることが大切になります。

順番で言うと、

「心が変わる（マインド）」→「行動が変わる（ノウハウ）」→「その結果お金が入ってくる」

ということなのですね。

いつも「あるもの」に目を向けている

豊かな人たちは、今持っている「あるもの」に目を向けています。

いつも豊かさの方にポジティブにフォーカスしているので、潜在意識が豊かなものを引き寄せているのです。

こうした考え方を常にしていると、**困ったことが起きたときにも今自分に「あるもの」へ目を向けるので、必要な物や人脈などの自分に「あるもの」をつかって解決することができます。**

また、豊かさにフォーカスすることで自然と感謝の気持ちが生まれます。

感謝の気持ちを持つと人間関係も良くなり、またそうしてできた人脈が良い情報といった豊かさを運んできてくれるようになるのです。

ゆったりと行動している

私は豊かな人たちをたくさん見てきましたが、そういう人たちって、ゆったりとした余裕のある行動をしています。

地に足をつけて、何があっても動じないといった落ち着きがあるんですね。

いつも余裕がある雰囲気で、それがお金持ちの人たちのオーラになっています。

あなたにもイメージできるのではないでしょうか。豊かな人が自信ありげにゆったりと行動している姿が。

お金は、こうしたゆったりとしたエネルギーのところに集まってきます。

高級感のあるレストランやホテルのロビー、新幹線のグリーン車や飛行機のファーストクラスやビジネスクラスなどが、ゆったりとした豊かな雰囲気なのはあなたも感じたことがあるはずです。そういった場所には、そういった人たちが自然と集まってきますし、そういった人が集まってくれば、その場所はさらに豊かなオーラに包まれていきます。

あなたもまずはそういった場所に行ってみることで、その波動を感じてオーラが好転していくはずです。

日ごろからお金の話をする

豊かにお金のある人たちとお付き合いしてみるとわかるのですが、日ごろから、お金の話がガンガン出てきます。

「どうやったら稼げるか？」とか「お金を何に使ったか？」とか、お金のある人たちは平気で口にしています。

そしてそこには、がめつさもいやらしさもまったくなくて、「普通に」お金の話ができる世界なのです。

お金が入ってくる人たちは、お金に対して良い印象しかないのでいつも気持ち良さそうに、自然体で（お金のあることが自然ですから）お金の話をしています。

私がまだ起業したての頃、お金持ちや成功している人と会う機会が増えました。

そうすると、そういう方々はみんな、お金の話を普通にしていて驚いたものです。

「いくら稼いだの？」「そんなに売り上げが上がってすごいな！」「今度、いくらでやろうと思うんだ。うちももっと稼ぐよ！」

お金のブロックが強すぎて、お金の話は、がめつい、みっともない、恥ずかしいことと思っていたので、こんなにお金の話をしている人たちをたくさん見て、自分の常識が思いっきり変わりました。

お金がなかなか入らない人は、お金のことを隠そうとしたり、お金の話に抵抗があるものです。それがわかるのは、私が両方の立場を知っているからだと思います。

お金の話を普通にしている人にお金が入ってくるのですから、お金の話を普通にできる人が増えるといいですね。

「お財布」を大切に使っている

これまで、私は豊かな人たちがどのようなお財布を使っているかを見てきました。

そして、自分が気に入ったお財布を使っていることが一番大切で、豊かさはお財布の形や色には左右されないということがわかりました。

キャッシュレス化が進んでいる今、お財布自体を持ち歩かない方もいらっしゃいますし、マネークリップでお札を持ち歩いている方もいらっしゃるのです。

ただし、お金が巡ってくる方のお財布の使い方には共通点があります。

まずは、**お財布そのものを大切に使っている**こと。

そして、**お財布の中はスッキリとしていて、お札の向きも揃っています。**私も、お札の向きを揃えるようにしています。こうしておくと、お金を支払う相手に対しても気持ちよくお金を支払えるんです。

豊かな人たちは、お金自体も大切にしていますがそれだけでなく、それを手渡す相手にも気持ちよく受け取ってもらえるようにお札を揃えているのです。

また、**お財布の中がパンパンになっているとお金が出て行ってしまう**ので要注意です。私の経験なのですが、あるときお財布が閉じられないほどパンパンになったことがありました。

そうしたら、急に車の修理が必要になり、まとまったお金が出て行ってしまったのです。

支払いを終えたあとには、お財布は閉じることができました（笑）。

お金以外のもの、カードやレシートなどでお財布がいっぱいになってしまっている人は、今すぐ整理してスッキリさせましょう。

それから、私の場合ですが、お財布の中のお札の向きで数枚だけ「種銭《たねせん》」を逆さまに入れています。

「種銭」とは、お財布に入れておくとお金を増やしてくれる銭、つまりはお金のことです。

各お札には、アルファベットと数字が印刷されていますが（これを「記番号」と言うそうです）、**1万円札の番号の末尾が「9」と「5」の数字のものが、お金を増やしてくれる「種銭」となります。**

「9」は宇宙につながっている数字で、最大、最強の意味が数字に込められていて、「5」は寂しがりやさんの数字で、友達を集めるという意味でお金が増えていくのです。

その「9」と「5」に「X」「Y」「Z」の末尾が続くと、強いパワーを持つ数字になります。その中でも「9Z」が最強の種銭となりますよ。

中国の「倒福」というものを知っていますか？

中国では春節の際に、「福」の字を書いた赤色の紙を家に飾るのですが、そのとき「福」の文字が逆さになるようにするので「倒福」と呼ばれています。あなたも中華料理屋さんなどでこの「倒福」を見たことがあるかもしれませんね。

私はその逆さまの「福」の字を見ると「福が降りてくるなあ～」と感じるので、お財布にも福が降りてくるように、お札を逆さまに入れているのです。

その他のお札は、普通の向きで揃えて入れています。これはお金の流れが良くなるように、という金運アップの方法です。

これらはお金持ちの人がみんなやっているというわけではないので、あなたもやってみて気持ちよく感じたり、効果があるように感じたりしたら続けてくださいね。何よりも、自分が気持ちよく感じることがいちばんですから。

お金持ちの人に買ってもらったお財布も金運をアップしますし、**お金持ちの人と交換し**

てもらったお札を「種銭」として入れることも、豊かな波動をとり入れることになりますから金運が上がります。

すべてのことに感謝の気持ちを持つ

私はよく開運旅行をします。吉方位を選んで、良い方角へ自宅から30km以上離れたところへでかけるのです。忙しいときには日帰りということもありますが、開運旅行のあとはお金の入り方が良くなっていることを感じます。

あるとき、経営コンサルタントの船井幸雄さんが「お金に困りたくなかったら、この神社へ行くと良い」と紹介していた金運が上がると言われている神社へ行きました。

すると、神社へ向かう道ですれ違う車が、運転手付きの黒塗りハイヤーのように、「成功者が乗っている」という感じの車が多かったのです。すでにそうした車に乗れているという豊かな人が、神社へ参拝しているのですね。

会社を経営されている方などは、神社への参拝を欠かさない方が多いようです。

やはり経営はすべてが計算通りにいくということはありませんから、自分がするべき行動をしっかりとしたあとは、神様にお任せするという気持ちになるのだと思います。

私も、開運旅行では神社の神様に感謝を伝えに行くこともよくあります。

私の神社での参拝の仕方は、

「○○を叶えてください」

「○○になりますように」

というような「神様にお願い」ではありません。

はじめに神様に今の幸せとそれに対する感謝を伝え、

「これから、○○をしますので見守っていてください」

というふうに、**これからの仕事の内容と自分がしていくことを神様に宣言をするスタンス**です。

神様に対する、私の決意表明になっているのかもしれませんね。不思議なことにこうすると、神様に応援してもらえているような安心した気持ちで物事を進めることができ、うまくいくんです。

お金が入ってくる人は、すべてのことに感謝の気持ちが持てる人です。いつも「ありがたいな」と思う気持ちがあるから、神社へ参拝するのだと思います。

パワースポットと言えば神社も数多くありますし、最近は御朱印帳を集めている女性も多いようで、神社ブームとも言えるようですね。

あなたも、神社へ参拝したときには「神様への感謝」から伝えてみてください。

そして、物事がうまくいったらその神社に改めて「お礼参り」をしてくださいね。
そうするとお金のポジティブスパイラルに入っていきますよ。

◈気をつけて！　お金の流れが悪くなる人の特徴

自分を認めていない

自分を認めていない人にはお金が入りにくいですし、せっかく入ってきたお金も、自分が認めた価値より多い分は出て行ってしまうのです。

お金が勝手に出て行くわけではなく、無意識に自分が無駄づかいをしてしまうのです。

自分はたくさんのお金にふさわしいと思えるようになれば、お金は入ってきますし、入ってきたお金も自分が信じている価値まではしっかり残ります。

では、自分を認めて、自己肯定感を高めるにはどうしたらいいのでしょうか。

私がおすすめするのは、「常に自分をほめるクセをつけること」です。
日ごろの行動でも、自分がしたことはすべて自分が認めてほめてあげるといいのです。

「今日はちゃんとお掃除した私はえらい！」
「今日は仕事を頑張った私はすごい！」
「今日も家族のために料理した私は最高！」

こんなふうにどんどん自分をほめて、自己肯定感を高めるようにするとそれに見合ったお金が入ってくるようになります。

他人と自分を比べてしまう

自分のことに集中できず、「だれかと比べてしまう」という状態のときも、お金の流れは悪くなってしまいます。

今、自分が何をすればいいのかがわからないために、自分のするべき行動に集中できず、他人の結果にばかり目が行ってしまっては良い結果にはならないですよね。

他人との比較をしてしまったとしても、そのとき感じた悔しい気持ちをエネルギーに変えられるようならいいのです。

けれど、ただだれかのことを妬んだりひがんだりして自分が苦しむようになってしまうと、そこから抜け出すのはとても大変です。

嫉妬する気持ちを行動のエネルギーや頑張るためのパワーに変えることができないほどにあなたが「つらい」「苦しい」と感じているときには、いつでも「宇宙から何かを伝えられている」と考えてくださいね。

「つらい」「苦しい」気持ちのときは、「あなたは何か、間違えていますよ」という宇宙からのメッセージです。

お金は、つらい、苦しい思いをしないと入ってこないというものではありません。

好きなことをしながら、楽しく豊かにお金が入ってくるようにすることもできるのです。

これは、とても大切なことなので覚えておいてくださいね。

仕事を楽しむことができない

仕事の目標を「つらいけれどやらなければならないこと」と考えてしまう人は、お金の

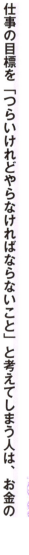

流れが悪くなっていきます。

仕事自体を楽しむこともできませんからストレスが溜まり、その状態では良い直感も降りてこないんですね。

そうなると良いアイデアも出ないので仕事はつらいままになってしまいます。

あなたがお仕事をしている方なら、その仕事の中で楽しんでできることは何かを探してみましょう。それでもないなら、仕事を変えることを視野に入れてみることも大切です。

そして、できるだけ楽しんでリラックスできるようにしてみてください。

お仕事にかかわる直感が降りてきてインスピレーションがわいてくるなど、お仕事がうまくいくようになってくれれば、きっとお金の流れが良くなるはずですよ。

成功者を他人事と考えてしまう

成功者を目にしたときに、

・自分とは関係ない
・成功者は運が良かっただけ
・きっと何かずるいことをしているに違いない
・どうせ自分には無理

というように、ネガティブなとらえ方をしてしまう傾向にある人はとてももったいないことですね。

「私は成功しません」と言っていることと同じだからです。

あなたは成功者を目にしたとき、どんなふうに感じますか？

宇宙の法則は、すべての人に働いています。

あなたにも、そのチャンスはあるということなのです！

豊かな成功者を目にすることがあったら、

「どうやったらうまくいくのかな？」

「私にもできるはず！」

「素敵！　私もそうなりたい！」


というふうに、素直になってポジティブに受け取っていくと、お金が入ってくるようになりますよ。

お金の話を避けてしまう

あなたは家族や友達といるとき、お金の話を気軽にできますか？

あまりお金が入ってこない人たちは、以前の私がそうだったように、なんとなくお金の話を避けて遠回しに口にしたり、またはお金についてはまったく話をしなかったりします。

お金に対して「がめついもの」とか「いやらしいもの」と思っていたら、お金が入ってくるはずはないですよね。

なぜなら、人は「がめつい」「いやらしい」ものを手に入れたいとは思わないからです。

だから、お金の話を避けている人にはお金が入ってこないのです。

私は、お金のある人たちと普通にお金の話をするようになってから、心の底から
「お金が大好き！」
と言えるようになりました。
お金の話を避けずに、普通に話せるようになるとお金の流れが良くなっていくようです。

やりたくないことをしてしまっている

あなたは、何かを我慢して、やりたくないことをしていませんか？

やりたくないことをして、現状に不平不満を抱えたまま過ごしていると、お金の流れは悪くなってしまいます。

人生で何かを我慢している人にはお金が入ってこないのです。

今のあなたの人生の中で、我慢していることはありませんか？
ここで我慢していること、やりたくないことを書いてみましょう。
たとえば、

「洗濯をしたくない」
「捨てるのが嫌だ」

などです。
もし、何かを我慢して仕方なくしていることがあれば、

やりたくないことをしない。

という行動を取ってみるといいですよ。

掃除機をかけるのが面倒に感じているなら、ロボット掃除機のように自動で掃除をやってくれる掃除機を買ってもいいですし、お掃除代行サービスにお願いしてもいいんです。「自分がラクになる」ということがとても大切です。

料理が苦手でやりたくないなら、外食やデリバリーに頼ってもいいですね。

そして、家族に協力を得るなどしてできるだけ「嫌だ」と思っている時間を減らすことです。

これは勇気がいることかもしれません。

でも、サービスなどにお金をつかうことを含め「嫌だ」を遠ざけるということは、自分の人生の時間を豊かにできるのです。

この時間を得ることで、心に余裕が生まれ、楽しめる時間が増えて豊かになっていきます。

我慢する時間をなくすと、お金の流れが変わってきますよ。

落ち着きがなくジタバタしてしまう

お金の流れが悪い人はどうしても、何かあったときにはジタバタしてしまいがちです。焦ってしまって、ついつい余裕のない行動を取ってしまうことが多いんですね。
そして、慌てて取った行動や、不安や恐怖から逃げたくて取った行動が、さらに事態を悪くしてお金もさらに失うという悪循環におちいります。

お金はそうしたジタバタした落ち着かないエネルギーのところには集まりません。 集まらないどころか、今あるお金さえ失ってしまうのです。

激安スーパーマーケットの売り出しの日や、デパートのセール期間などは、落ち着いた雰囲気とは逆のエネルギーですよね。

だから、「安物買いの銭失い」と言われるような、無駄な買い物をしてしまいがちなのです。

まずは、ゆったりとした豊かな雰囲気の空間を味わってみることをおすすめします。肩の力を抜いて、深呼吸をして、体がラクになっていくほどお金の流れも良くなっていきます。

相手から奪うということ

自分が与えていない人には、お金が入ってきません。

中には、与えていないばかりか、相手から奪っている人もいるので注意が必要です。

私は相手から奪う人のことを「クレクレ星人」と呼んでいます（笑）。

クレクレ星人は、自分で気づいていないことが多いのでなかなか変わることはありません。自分の心がいつも満たされない状態で、だれかに認めてもらいたい。
そんなふうに「自分にはない」と思っているから、「クレクレ星人」は無意識のうちに人から奪おうとしてしまうんですね。

「クレクレ星人」は、相手の時間やエネルギーを奪うことも多いのですが、これは相手からお金を奪っていることと同じですよね。

相手から奪っているから、自分のお金も奪われてしまうという結果になるのです。

また、何かを購入したのになかなか支払わない人も、お金の循環を止めていますからお金が入らなくなっていきます。
これは、たとえば購入した相手のことを思えば、エネルギーを奪っているのと同じなのです。何かを買った会社に支払っていなければ、その会社の担当者は支払いの確認を何度もしたり、請求書を再発行したりといった多くのエネルギーを使ってしまいますよね。

その使わせたエネルギーは必ず、自分に返ってきて、その分のお金を失っていきます。

購入したものやサービスに感謝して、スムーズに支払う人にはお金が循環していくので、あなたも気をつけてみてくださいね。

4章

宇宙と繋がるとすべてが手に入る

すべてを手に入れるしくみのお話

ここでは、宇宙と繋がることでお金だけでなく幸福や愛情やすべてのものを手に入れることができるというしくみをお話していきますね。

それでは、私が常に意識して活用している、宇宙の法則についてできるだけわかりやすくご紹介していきます。

睡眠時間は「宇宙と繋がっている時間」

あなたは充分な睡眠時間を確保していますか？

寝ている時間というのは、潜在意識と繋がっている時間なのです。そしてそれは、宇宙と繋がっている時間ということです。

眠りにつく前の、ぼんやりした気持ちになったときに、

- **お金のことが不安だなあ……**
- **お金のことがすごく心配……**
- **お金の悩みは尽きない……**

こんなことを考えてはいませんか？

そのままこの意識を宇宙が叶えてくれてしまいます。

それは、この眠りにつく前のボーッとしている時間はとくに自分と繋がりやすく、願いが叶いやすい時間なのです。

だから、この時間は、

・お金が入ったら楽しいこと
・お金を使って楽しんでいること
・お金が入って満たされていること

を思い浮かべて、楽しくてリラックスした気持ちになることが大切なのです。

そして、睡眠時間はたっぷりと確保するように心がけてくださいね。

今の時代は忙しいので、ついついたくさん働いて睡眠時間をけずってしまう人が多いですね。でも、お金に関して言えば宇宙の法則では、たくさん働いたからたくさん入ってくるというしくみにはなっていません。

だから、すごく疲れていたら無理に仕事をつづけるよりも、ゆったりとした気持ちでお金の楽しいことを考えながら眠りについた方がお金は入ってくるのです。

私はどんなに忙しくなっても、睡眠時間だけはきちんと確保しています。

あなたも、お仕事や家事に無理しすぎないで宇宙と繋がっている時間を大切にしてくださいね。

モノを捨てるとお金が入ってくる

あなたはモノを捨てることが得意ですか？　それとも苦手ですか？

「モノを捨てる」と「お金が入ってくる」というのも宇宙の法則のひとつです。

宇宙の法則では、空間ができるとそこを埋めようとするエネルギーの働きがあります。

だから、モノを捨てると宇宙の法則が働いて、自然とその空間を埋めるためのお金が入ってくるのですね。

モノを捨てられないでいると、空間が足りないのでお金が入りにくくなります。

じつは、モノが捨てられないということはお金のブロックと関係しているのです。

私自身の経験で言うと、お金のブロックを外していったらモノがバンバン捨てられるようになりました（笑）。

潜在意識が「いつでもお金は入ってくるから大丈夫」という状態になっていれば、モノは必要なときに買えるという安心感があるために捨てられるようになります。

モノが捨てられるようになると、家の中がスッキリ片づきます。

すると、**空間も浄化されて波動が高くなりますから、さらにお金を引き寄せるという好循環になっていく**のです。

先ほど「ドラマの撮影の際、お金持ちの家の撮影セットではモノが少ない」というお話をしましたが、お金持ちの家にモノが少ない理由は、こうした宇宙の法則が働いているためで、じつに合理的なのです。

また、モノを捨てるときには、お金の流れが悪かった時代のものを捨てていくと、金運が上がりやすくなります。

そういうモノはとくに思い切って処分するといいですよ。

お金の流れを止めないこと

お金が入ってくるようになるためには、お金の流れを止めないことも大切です。

お金について不安に思っていると、必要以上にお金を貯めようとします。

けれどそれは、お金が入ってくることを妨げてしまう原因にもなってしまいます。

貯めることは悪いことではありません。

だけど、貯金ばかりしているとお金の便秘になっていきます。体にたとえるとわかりやすいと思いますが、どんなに美味しいものをいっぱい食べても出せなかったら便秘になりますよね。そのまま便秘になれば、いずれは病気になってしまいます。家の中も何でも溜め込んだらゴミ屋敷になります。

どんなものも溜め込むといずれそのエネルギーは邪気になりお金の流れはとても悪くなります。

というように、「入ってきたものは出す」というのが自然な状態なのです。

これは、入ってきたお金をバンバン無駄づかいすればいいということではありません（笑）。

お金はあなたがほんとうに嬉しい、楽しいと思えることや、ワクワクすること、自分の波動を高めるためにつかっていくと、必ずまた戻ってきます。

波動を高めるためには、たとえば以前から学びたいと思っていたことを学んだり、いつもよりワンランク上のお店に行ってみたり、自分より波動の高い人たちと出会える集まりに参加したりといったことです。

ただし、これらはすべて、今のあなたに無理のない範囲でしてくださいね。

よくお金を引き寄せる方法として「お金持ちのつもりになる」と言われていますが、これは「お金持ちのマインドを身につける」とか「お金持ちの波動を感じる」という意味で、「高級な場所へ行ってお金持ちになったつもりでじゃんじゃんお金をつかう」ことではありません。

お金がないという不安を抱えたまま、無理してお金持ちになったつもりでお金をたくさんつかっても波動は上がりません。

あなたが純粋な気持ちで「ああ、いい波動だな、心地いいな」と感じることを経験してほしいのです。

お金をまったくつかわなくても「いつもよりおしゃれして、高級ホテルのロビーへ行ってみる」だけでも豊かなエネルギーを感じることはできますし、コーヒー1杯をゆったりと飲むだけだっていいんです。

借金してまで高級ホテルのスイートルームに泊まってみるとか、そういった無理なことで波動は上がらないので注意してくださいね。

自分が心から喜べたり楽しめたりすることにつかって、常にお金の流れを止めないように意識してみてください。

豊かな波動に周波数を合わせる

宇宙の法則では、すべてのものはエネルギー体として波動を出していると考えます。そして、もちろんお金にも、波動があります。

宇宙の法則では、このようになっています。

・コツコツお金を貯めたから、お金持ちになれるというわけではない
・一生懸命働いたから、お金持ちになれるわけでもない

それでは、どうしたらお金が入ってくるのでしょうか？

その答えは、豊かさの波動に自分を合わせることです。

テレビやラジオのチャンネルは、その周波数に合わせるから見たり聴いたりできるのですよね。それと同じで、お金のある状態の豊かな周波数に自分の波動を合わせることでお金が入ってきます。

私たちは、宇宙の法則によって、テレビやラジオのチャンネルを合わせるように同じ波動のエネルギーを引き寄せています。

だから、**お金持ちになりたければ、コツコツお金を貯めるのでも一生懸命長い時間働くのでもなく、最初に豊かさの心と波動を身につける必要がある**のですね。

そして、波動を上げながら、

・どのくらい収入を得たいのか
・どんな生活をしたいのか
・どんな自分になりたいのか

というイメージをしていきます。

そして、イメージしながら、豊かさの波動を上げていきましょう。より叶う効果がアップします。

豊かさの波動になるために、**金運が良かったときによく行っていた場所へ行く**というのも効果があります。

自分の過去を振り返って、「あの時は金運が良かったな」と思えるときがあれば、その頃よく行っていた場所へ実際に行ってみるのです。

そして、その金運が良かったときのことを思い出して、楽しい気持ちを感じてきてください。楽しむことで、さらに波動が上がりますよ。

願いはすべて叶っていることを理解する

私たちの願いは、じつはすでにすべて叶っているということを理解すると、もっと上手に宇宙と繋がることができるようになります。

たとえば、あなたが、

「お金持ちになりたい!」

と願っているとすると、それはもう叶っているんです。それも、ずうっと叶った状態になります。

それは、**あなたの「『お金持ちになりたい』という状態」が、叶っている**ということなんですね。

お金だけの話ではありません。あなたが、**「恋人が欲しい！」「幸せになりたい！」**と願っている限り、

「恋人が欲しい」という状態の（つまり恋人がいない）あなたが叶っていますし、

「幸せになりたい」という状態の（幸せになっていない）あなたが叶っているのです。

このしくみを理解できないでいると、

「願ったのに叶わない。どうせ叶わないんだ……」

と宇宙の法則を信じられない状態になってしまいますから、**「どうせ叶わない」という状態が「叶ってしまう」**のです！

先ほど「豊かさの波動に周波数を合わせる」とお話ししたのは、こうした理由からなのです。

「なりたい！　なりたい！」

と願っていると、潜在意識はそのまま受け止めてくれるので、**「なりたい」状態のあなたが叶う**のですね。

だから、先に波動を豊かにして、「こうなる！」と決めて高い波動に周波数を合わせることが必要になってくるのです。

自分の運気の状態を知る

自分の運気がどんな状態かを知ることができると、それに合わせた行動ができるので結果が出やすくなります。

運気が上がっているときは、波に乗って行動すればいいし、下がっていると感じたら自分の運を立てなおせばいいのです。

これに逆らって、運気が上がっているのに行動がついていかなかったり、運気が下がっているときに無理に新しいことをスタートしたりすると、うまくいかなくなります。

それでは、自分の運気が今上がっているか下がっているかを知る方法をご紹介しますね。

「あの人は運がいいなあ」とあなたが思う人と一緒にいるとき、自分がどんなふうに感じているかをしっかりと確かめることです。

運がいい人と一緒にいるとき、

- **疲れる**
- **元気が出ない**
- **パワーダウンする**

こういうことが起こったら、自分の運が下がっているときです。
でも逆に、運がいい人と一緒にいるとき、

- **楽しい♡**
- **心から笑える♡**
- **元気が出る♡**

・幸せな気持ちになる♡

という感じになっているときには、自分の運気も上昇しています。
まずは、自分の今の状態を知ることがとても大切です。

運気が落ちていると感じたら、自分の体を休めて、しっかり寝て、自分のお気に入りの方法で浄化するなどして運気を上げていきましょう。

理想は好きなように描く

私はいろいろな講座で受講生さんに教えています。
そして、願い事や叶えたいこと、理想の自分などを「好きなように書いてみて」と言うことがあるのですが、このとき、不思議なことが起こります。

それは、理想を思いっきり書いていいのに、願っている人生を書いていいのに、みなさんがなかなか「本当の」理想の自分を書かないということです。

思うのも自由。書くのも自由。

なのに、

「きっと叶わないから、妥協して、この辺りくらいの私かな?」

という感じで、本当の理想の人生を書けないのです。
自分にブロックをかけながら、理想の人生を頭で考えるから、理想通りの人生にならないんですね。

あなたも今、紙とペンを用意してやってみてください。

・どんな自分になりたいですか？
・何が欲しい？　やりたいことは？
・収入は？　どんなところに住んでいる？

好きなように思っていいし、書いていいのです。

宇宙と繋がるためには、頭で考えて叶えられそうな目標を作るのではなく、あなたが「本当に望んでいること」を自由に感じて、書き出すことです。

あなたの「本当の望み」を宇宙に伝えられるようになっていけば、どんどん叶っていきますよ。

「グラウンディング」を習慣にする

最後に、これをお伝えします。

地に足をしっかりとつけ、自然の持つ力を活用して心の浄化を促すのが「グラウンディング」です。

私は、宇宙と繋がるためにも、「グラウンディング」を毎日の習慣にすることをおすすめします。

これは私の実体験ですがずいぶん昔、前のビジネスをしていた頃、売り上げがなかなか伸びなかった時期がありました。その時にこのグラウンディングワークを毎日取り入れた後、急激に売り上げが上がり毎月売り上げが上がりつづけたことがありました。自分の中のネガティブを出すことで心がクリアになり現実が変化し始めました。お金や売り上げに悩んでいる方はぜひ取り入れてほしいワークになります。

じつは、**お金に愛される人は直感を信じる人が圧倒的に多い**のです。

この直感は、意図的にグラウンディングすることで宇宙からのメッセージが届きやすくなったり降りてきやすくなります。


【グラウンディングワーク】

① 背筋を伸ばして椅子に座ります
両足の裏を床につけ、両方の手のひらを上に向けて太ももの上に置きます。

② 目を閉じ、深く呼吸をしながら体の緊張をゆるめていきます
呼吸はゆっくり口から吐いて、鼻から吸います。

息を吸うときは、エネルギーを体に満たしていくイメージで、吐くときにはネガティブないらないものを全部吐き出していくイメージで行います。

3回くらいこれをくり返します。

③ 尾てい骨と足の裏から木の根が張るイメージ、または光のロープを降ろしていくイメージを思い描き、どんどんその木の根、または光のロープを地球の中心に向かってさらに伸ばしていくことをイメージします

床を超え、地面を超え、地球の中心までどんどん伸びていきます。

これを、グラウンディング・コードと言います。

④ 地球の中心にグラウンディング・コードが届いたら、コードを地球の中心にしっかりと結びつけるイメージをします

結べたなと思えれば大丈夫です。

⑤ 自分の内側にある、ネガティブなエネルギーをグラウンディング・コードを使って地球の中心まで流すイメージをします

もう必要のない感情、どうしても許せなかった出来事、腹立たしい怒り、不安で前に進めない気持ち、忘れられない悲しい感情などをどんどん流していく感じです。

⑥　ネガティブな波動は、地球の中心で浄化されたエネルギーとなって地球に還っていくイメージをします

⑦　地球の中心から湧きあがるマグマのエネルギーを、グラウンディング・コードを通して受け取り全身に流すようにイメージします

このマグマのエネルギーを入れていくと、自分の体や心がどんどんパワフルになっていくことが感じられるでしょう。

⑧　⑤〜⑦をくり返し、スッキリしたら終了します

⑨　ゆっくりと意識を戻し、目を開けます

自分の中にネガティブなことがたくさん入っているときには、直感は降りてきにくくなりますし、せっかく直感が降りてきても直感を否定してしまって受け取れない状態になってしまいます。

気持ちが整っていてクリアな状態のときには、直感が降りてきやすくなり、素直に受け取ることができるようになります。

このグラウンディングを毎日行うことで、自分の中のネガティブなものを流して浄化し、地球のエネルギーをチャージすることができるようになると、いつでもフラットでいられる状態になりますから、お金に関する直感も受け取れるようになっていきます。

5章

「お金に愛される人」の10のレッスン

簡単なワークで「お金に愛される人」になれる

ここまでは、なぜお金のマイナススパイラルになってしまうのか、そしてお金のある人とお金のない人の違い、リッチマインドを理解するための宇宙の法則といった、私が日ごろ考えていることを説明してきました。

自分にお金が入ってこない理由がわかったという方もいらっしゃるのではないでしょうか。

ここからは、「『お金に愛される人』の10のレッスン」として、具体的にどうしたらお金が入るようになるかをご紹介していきます。

どれもすぐにできる簡単なワークなので、あなたの習慣になっていないものがあればぜひチャレンジしてみてくださいね。

ここにご紹介したことを習慣にできるようになれば、きっとあなたにもお金が入ってくるようになりますよ！

【レッスン1】自分を信じる

私は、たくさんの「お金が欲しい」という人に会って、講座で教えたりセミナーをしたりしてもっと豊かにお金が入るお手伝いもしています。

おかげさまで多くの受講生さんは夢や目標を叶えて大きなお金を手にしたり、収入を10倍以上にしたりしています。

ところが、いくら頑張っても「お金が増えない人」がいるんですね。

お金に困らない生活がしたくて、「お金持ちになりたい！」と思っているにもかかわらず、いくら学んでも、何か行動しても、お金が増えないんです。

こういう人の特徴は、「自分のことを信じられない」ということです。
お金が入ってくる自分が信じられないし、潜在意識のことも、宇宙の法則も、心のどこかで信じられないでいるんですね。
「ほんとうにそんなことができるの？」という気持ちがどこかにあるんです。

私は、「お金持ちになること」が難しいことなのではなくて、「お金持ちになれることを信じて疑わないこと」の方が難しいのだと思っています。

「お金持ちになれる自分」「お金が入ってくる自分」は、自分のことを信じられないとイメージできません。逆に言えば、自分のことを信じられる人は、自分がお金持ちになれることを信じて疑わないのでお金を引き寄せることができて成功していくのです。

自分に自信をつけるためにおすすめなのは、

なりたい自分の先取り

です。

これは、「なりたい私になったフリをする」ということです。

お金が入ってから、時間ができてから、できるようになってから……

ではなくて、最初から、なったつもりで、そのように振る舞ってみること。

優しい人になりたければ、優しい自分を、できる人になりたかったら、できるように演じてみればいいのです。

最初から自信のある人なんていないんです。

こんなふうになりたい自分を先取りしていくことで、少しずつ自分に自信がついていき自己肯定感がアップしますから、お金を引き寄せるようになっていきますよ。

【レッスン2】睡眠を大切にする

お金が入ってくるようになる習慣の中でも、私がとくに大切にしているのは睡眠です。

先ほどお話ししたとおり、睡眠時間というのは潜在意識、つまり宇宙と繋がっている大切な時間ですから、気持ちよく睡眠を取ることでスムーズに宇宙と繋がることができ、願っていることを引き寄せるようになれるのです。

悩みがあって寝付けない、という話を聞くことがありますが、悩みがあるときほど、良質な睡眠を取った方が良いのです。

あなたが自分の頭（顕在意識）で考えるよりも、質の高い睡眠を取ることで宇宙からのメッセージを受けとる方が早く自然と解決する方向へ向かい始めるのです。

お金の流れも同じように、宇宙と繋がることでスムーズに流れるようになります。

だから、悩んだり、仕事をしすぎたり、ゲームやテレビなどで夜の時間を過ごすのをやめて、できるだけたくさん質の良い睡眠を取るようにしましょう。

カーテンなどの寝室のインテリアやベッドやリネンなどの寝具は、すこし贅沢をしてもいいと思いますよ。

あなたが気持ちよく眠れる空間のためにお金をつかっても、それは必ず良い結果となって還ってくるはずです。

【レッスン3】波動の低いものは捨てる

家の中や持ち歩くものの中に、壊れたものやひどく汚れたものはありませんか？

そうしたものは、低い波動を出しているので、処分してしまいましょう。

少しだけ欠けてしまっている食器や、汚れの取れなくなった玄関マットや衣類などがあれば、迷わず捨てたり、電球が切れたらすぐに交換してくださいね。

ひびの入ったスマートフォンの画面などもすぐに修理してもらいましょう。

低い波動を出すものがあるところに、お金という高い波動のものは入ってこないのです。

先ほどお話ししましたが、私は断捨離をこまめに実行するようになってから、さらに金運がアップしたと感じています。

スペースができれば新しいものが入ってくると信じると、捨てることが楽しくなってきますよ。

「もったいない」と思わずに、波動の低いものはすべて処分してくださいね。

【レッスン４】豊かな波動に周波数を合わせる

豊かさの波動に、自分の周波数を合わせることでお金が入ってくるようになります。

そのためにできることは、たとえ今はお金がそれほどないとしても、「自分にはお金があることを自覚すること」がとても大切です。

それでは、その方法をご紹介していきましょう。

① 毎日の生活の中でお金を支払うたびに「お金がある」ことを何度も何度も意識する

- **食材を買う↓お金がある**
- **好きな洋服を買う↓お金がある**
- **家賃を払う↓お金がある**
- **好きなケーキを買う↓お金がある**
- **バッグを買う↓お金がある**

こうやって、「私にはお金がある！」ということを1日に何度も自覚していきます。

すると、すこしずつ潜在意識にその意識が落としこまれていき、「お金がある」状態があなたにとっての「あたりまえ」になっていきます。

そして、あなたの中にあった「お金がない」という「あたりまえ」が書き換えられて「お金がある」になり、あなたの目の前の現実も変化し始めます。

② お金を受け取るたびに「お金がある」幸福感をしっかり味わう

現実にお金が入ってくることがあったら、そのたびにしっかりとお金が手に入ったときの安堵感や幸福感を味わうようにします。

こうすることで、お金に対する不安がなくなっていきます。

お給料が振り込まれたら通帳の数字を見ながら、手渡しや自営業の方なら受け取ったお金を見ながら、

「お金があるっていいなあ〜」
「お金があるって、安心だなあ」

「お金をもらえて、嬉しいなあ」

というふうに、お金のある喜びを素直に感じてみてくださいね。お金がきちんと入ってきているのに、お給料も入ってきているのに喜ばない人が多いのです。

私も以前はそうでした。

- **すぐに出て行ってしまう**
- **こんなに少ない**
- **どうせすぐになくなっちゃう**

と、もらっても喜ばないのです。

私たちの潜在意識は、お金は「もらっても嬉しくないもの」と認識してしまうためにお金が入ってこなくなってしまいます。

お金が入ってきたことを喜ぶことがとても大切なのです。

③　お金がたくさん入ったその先の未来をイメージする

最終ステップは、たくさんのお金が入ったその先の未来をイメージします。
自分の気持ちがワクワクするまで、本当にそうなる予定があるように感じるまで楽しみながらイメージしてくださいね。

ここまでできたら、あなたの波動は豊かさの波動と周波数が合うようになります。
現実にどんな変化が起きるか楽しみにしていてくださいね。

【レッスン5】波動を上げたければ本屋へ行く

お金持ちは他人と自分を比較せず、自分に集中しているというお話をしました。

あなたが、ついつい他人と自分を比較してしまっていたり、ネガティブなことを考えてしまったりしているときは、「今の自分に集中していない」と自覚してみてください。

やりたいことがあって、夢中になっていたり集中していたりするときには、他人と自分を比較することも、ネガティブなことを考えることもないのです。

正確には**「自分を楽しんでいるので他人と比較している暇なんてない！」状態になる**のです。

でも、私が講座の中でそのようなお話をしたときに、

「何をすればいいのかわからない」

という方がいたんですね。
私はそういう方には**「本屋へ行く」こと**をおすすめしています。
本屋さんには、たくさんの本がありますから、必ず自分にとって興味のある本がみつかるはずです。

本屋さんといっても、難しい本ばかり置いてあるわけではないですよね。
好きなイメージの写真集もあるかもしれませんし、趣味がみつかる雑誌に出会えるかもしれません。漫画だって素敵なものがたくさんあります。

そして、いろいろ興味が出てきた受講生さんに、

「これとこれに興味があるんですけど、どれをしたらいいですか？」

と相談されたときには、

「全部やってみて！　気になったこと全部やってみれば、どれがいいか自分でわかるから」

とお伝えしています。

始めてみないと自分がほんとうに楽しめるかわかりませんし、その人が何を楽しいと感じるかは人それぞれなので他人のアドバイスよりも自分で感じてほしいのです。

本屋さんへ行ったら、普段は行かないような棚のところまで、ゆっくりと本を見ながら歩いてみてくださいね。

自分に合うものがみつかれば、自分の波動も上がります。

とにかく、少しでも気になった本があれば手に取ってみましょう。

そして、自分が夢中になれること、楽しめることがみつかれば、自然と他人と自分を比較したり、ネガティブなことを考えたりする時間なんてなくなっていくのです。

【レッスン6】口にする言葉に気をつける

お金に愛されるようになるには、口にする言葉に気をつけるといいですよ。

私は潜在意識と呼んでいますが、わかりにくければ「神様」としてもいいと思います。

神様は、あなたの願いをなんでも叶えてくれています。

口にする言葉は神様に届きやすいので、気をつけてくださいね。

いつも**「私なんて、どうせダメなんだよね」**と言っていたら、
神様は、**「ダメなことをお望みなのね！」**と叶えてくれます。

「あの人なんてうまくいかなきゃいいのに」と言っていたら、
神様は、**「うまくいかないことをお望みなのね！」**と叶えてくれます。

そして、いつも**「お金がない」**と言っていたら、
神様は、**「お金がないことがお望みなのね！」**と叶えてくれるんです。

だから、日ごろから**「お金がない」**というようなネガティブな言葉は間違えても口にしないようにすることがとても大切です。

口にする言葉は、たとえ謙遜して言った言葉でもパワーがあります。

だから、だれかに**「〇〇さんは、豊かでいいわね」**というようなことを言われたら、わざわざ**「そんなことないですよ！　お金なんてないです」**と口にせずに、**「おかげさまで、ありがとうございます」**と口にしましょう。はじめはちょっと抵抗があるかもしれませんが、大丈夫、すぐに慣れていきますよ。

それから、お金に愛されたいなら、あなたもお金のことを心から好きになること。**「お金大好き！」**とすんなりと言えるようになると、大きなお金が入ってくるようになります。

「言霊《ことだま》」といって、言葉には魂が宿っていると昔から言われています。

あなた自身が発する言葉にも波動があるので、高い波動を持つ、ポジティブできれいな言葉を話すようにしてくださいね。

【レッスン7】潜在意識をフル活用する

潜在意識をフル活用することも、お金に愛されるための習慣です。

私は28歳のときに潜在意識について知ったのですが、とても嬉しかったことを覚えています。

才能がなくても、特別じゃなくても、頭が良くなくても（笑）、成功できると確信したので「それなら、私にもできる！」と心から思えたんですね。

潜在意識に繋がるために睡眠を大切にするというお話をしました。

潜在意識に繋がりやすいのは、他にもリラックスしているとき、ボーッとしているときなどがあります。

豊かになりたい、リッチな生活をしたいという方は、潜在意識にそのことを届かせる必要があるので、お部屋の空間がとても大切になります。

自分がいちばんリラックスするのは、やはり自分の家ですよね。その空間がリッチで豊かなイメージなら、潜在意識にすーっと入っていきやすいのです。

先ほど「波動の低いものは捨てる」というお話をしたのも、そうしたものが目に入ると潜在意識に「貧しさ」が入ってしまうからです。

だから、お部屋の中には、

・あなたがトキメクもの♡
・あなたのお気に入りのもの♡
・あなたがハッピーになれるもの♡

を置いて、リラックスしたときに目に入るようにしてくださいね。
そして、さらに運気をアップしたいなら、ワンランク上の、

・高級なトキメクもの♡
・上質でトキメクもの♡

を取り入れていくとさらに豊かさを引き寄せることができます。

【レッスン8】変化を恐れず行動する

私が出会うお金のある人たちは、変化を恐れずに行動しています。

これは覚えておいてほしいのですが、変化が起きるとき、ステージが変わるときは、どうしてもネガティブなことが起こってきます。

まるで、神様に試されているように、**「もう、ステージが変わっても大丈夫？」**と、確認されているかのようにね。

私は、たくさんの経営者や成功者に会ってきましたが、うまくいく前にはみんなネガティブなことを味わっているんです。

そして、それから**「ぐ～んと、ステージが変わって行く」**という姿を見たり、そうしたお話を聞いたりしてきました。

私は、ネガティブなことが起こると、**「これから何かが来るんだな」**と思うのと同時に、**「今までの方向性が変わる」**ということも感じます。

そんなとき、これからのステージが上がる準備として、何をすればいいのかお伝えしましょう。

それは、

「居心地が悪いところにあえて行く！」

ということです。

居心地が悪いところというのは、今のあなたがいる場所よりワンランク上のステージです。

ふつう、居心地が悪いところには、人は行きたくないですよね。

いつも仲がいい友達といたいし、いつもいるメンバーが居心地いいし、いつも同じ話をしている方がラクだし……

やっぱり同じ場所がいいんですね。

そこをあえて、自分のステージが上がる場所へ、怖くても、居心地が悪くても、行くんです。

そうすると、はじめは居心地が悪いと感じていたそのワンランク上のステージが、あなたにとってのあたりまえの世界になり、あなたの波動はより豊かになって大きなお金を引き寄せることができますよ。

【レッスン9】ネガティブなものを取り入れない

お金に愛されるためには、ネガティブなものをできるだけ取り入れないようにすることも大切です。

自分の環境に低い波動のものを取り入れてしまうと、それを浄化するまではなかなか良いもの、ポジティブなものが入ってくることができないのです。

たとえば、あなたには、話をしているだけでなんだかぐったりと疲れてしまうという相手はいませんか？

もしかすると、その相手は「エネルギーバンパイア」かもしれません。

相手のエネルギーを吸血鬼のように奪っていくタイプの人が、世の中には存在していま す。ネガティブな話ばかりしていたり、自分のことばかり話していたりする人はたいてい「エネルギーバンパイア」ですから気をつけてくださいね。

また、人混みなど自分が知らない大勢の人のいるところに行くと、「人酔い」のようにぐったりしてしまうこともありますよね。

それも、人のマイナスエネルギーが自分の領域というオーラの中に入ってきてしまうからなんです。

なんだか調子が悪いな、エネルギーの波動が下がっているな、と感じたときにだれにでも手軽にできるのは、塩をつかった「お清め」です。

たっぷり自然塩を入れたお風呂に浸かることもいいですし、急いで自分を浄化したいときにはパッパッと自分に塩を振りかけます。

欲しくないものを引き寄せない方法や浄化については、詳しくは私の著書『いいことだけを引き寄せる　結界のはり方』（フォレスト出版）に書いてあるので、参考にしてくださいね。

【レッスン10】受け取る前に与える

お金が入ってくる人たちに共通なのは、与えている人たちだということです。

お仕事でたくさん稼いでいるということは、それだけだれかの役に立ち、何かを与えているということなんですね。

お金が入る法則は、もらうことが先じゃなくて、与えることが先ということです。

「そんなこと言われても、私はお金がないから欲しいのに」という人がいますが、与えるというのはなにも大金をだれかにあげなさいということではありません。

自分が持っているものを先に与えましょう、ということです。

たとえばあなたにはだれかを喜ばせることができますよね。

それも、与えることなのです。

私はいつも思うのですが、人に与えて、人に喜ばれて、人に感謝されたときに人は心がもっとも満たされるのではないでしょうか。

その豊かな心の波動は、同じ豊かな波動を持つ大きなお金を引き寄せるということなのだと思います。

「与えるのが先」なのは、愛も同じなのです。愛されたかったら、まずは愛すること。

お金も愛も、与えることから始まるのです。

6章

あなたのまわりも幸せにするとっておきの方法

ここまでお金の話をしてきましたが、私たちはもちろん、お金さえあれば幸せというわけではないですよね。

豊かになっていくのと同時に、幸せにもなっていけるために私がいつも考えていることをここからお話ししていきます。さらに、お金のブロックを外すために自分でできる方法もご紹介しておきますね。

お金の先にある自由に目を向ける

私たちが本当に手に入れたいのは、「お金」なのでしょうか？

もちろん、お金持ちは「お札そのもの」も好きです。私も好きですよ！

でも、私たちの本当の目的は、「お金の先にあるもの」なのですよね。お金はあくまでも本当の目的を達成するためのツールです。

私たちが本当に欲しいものは、お金そのものではなくて、お金で得られる「自由」なのです。

お金のエネルギーを使って、

・欲しい家を買える自由
・欲しい洋服を買える自由
・好きな車を買える自由
・好きなところへ好きなだけ旅行に行ける自由
・好きなホテルに泊まれる自由
・親孝行できる自由
・時間の自由
・家族と好きなところに行ける自由

こうした自由を手に入れたいと私たちは願っていると思うのです。

だから、私たちの魂が本当に望んでいる「お金の先にある自由」をイメージしながら、楽しんだり、ワクワクしてみたりすることで、お金が集まってくるのです。

ところが、**「お金だけ」が目的になっていると、**不思議なことにそれ以上のお金は入ってこないのです。「お金の限界」がやってきてしまうのですね。

あなたも、「お金が欲しい」と願うのではなく「お金の先にある自由」をイメージして、楽しみながらお金のエネルギーを受け取りましょう。

大きなお金に慣れる方法

「今の収入よりも、もっと大きなお金を手に入れたい！」と思ったら、**大きなお金に慣れること**から始めましょう。

普段、大きな金額を見慣れていないと、桁数の多い数字を見ると「?」となってしまうこともありますよね。

その状態だと潜在意識も「大きな数字はよくわからない」ということになり、引き寄せることができません。

私が実際に大きなお金に慣れるためにした方法をご紹介しますね。

・銀行の通帳の白紙の部分をコピーします
・今までにあまり目にしていない、大きな数字を書き入れます

このとき、

「このくらいの収入があるといいなあ～」

と思いながら、ワクワクしながら数字を書き入れてくださいね。

そして、それをときどき眺めてください。そうしていると、大きな数字がパッと目に入ったときに、すぐにいくらかわかるようになるはずです。

通帳に書き入れるということで、潜在意識の中にその数字はお金として認識されますから、大きな数字の金額を引き寄せることになっていきますよ。

お金のブロックを外す方法①
【お金のイメージを書き換える】

あなたはお金をつかうとき、どういう気持ちで支払っていますか？

高い金額を払うと、ドキドキするし、ザワザワするし、大丈夫かな？　と心配する気持ちが出てくるかもしれません。

普段、何かを買ってお金を支払うときには、お金がなくなっていく不安や罪悪感を持つ方も多いのではないでしょうか。

私もお金のブロックが強かったときは、買い物の支払いがとくに怖かったのです。

いつもお金がなくなると思っていましたし、「こんなにつかっていいんだろうか？」という罪悪感に苛まれていました（笑）。

こういう不安を持ちながら支払うと、

「お金は不安なもの」

として、

「お金はなくなっていくもの」

として潜在意識はとらえますから、ほんとうにそのままお金はなくなっていくんです。

だから、そういうふうにお金に不安を持ってしまいそうなときは、お金に対する考えを書き換えていきましょう。

私が自分の中で、お金に対する考えを書き換えてお金のブロックを外していった方法がこちらです。

・私がお金をつかうことで、だれかが必ず潤っている
・私がお金をつかうことで、だれかの役に立っている
・私がお金をつかうことで、社会の役に立っている

たとえばタクシーに乗ったら、タクシーの運転手さんが潤うと思えば、気持ちよく支払うことができます。私が買い物することで、そのお店が潤うと思ったら、気持ちよく支払えるようになったんです。

こうやって、何かにお金をつかうことは、

必ず、だれかの役に立ち、社会の役に立っている

と思ったら、気持ちよくお金を支払えるんですよね。

そして、気持ちよく支払ったお金は気持ちよく戻ってくるし、豊かな気持ちで支払えば豊かなお金が戻ってくるのです。

お金はエネルギーなので、循環させてあげることが大切なんですね。

お金が入ってきてほしいということばかり考えずに、こうしてお金を支払うときの自分の気持ちを変化させることで、お金のイメージを書き換えることができます。

支払うときに気持ちよく支払えるようになれば、必ずお金は戻ってきてくれると信じられるようになることで、お金のブロックは外れていきますよ。

お金のブロックを外す方法②
【ワンランク上のものを取り入れる】

私は、お金があまりなかった若い頃、安いものに囲まれていたなと思います。

お金のブロックがあって不安だったから、欲しいものじゃなくて、安いものを買っていました。

決して、安いものが悪いというわけではありません。自分が心から気に入ったものなら安いものでもいいのです。

ただ、**今よりも金運を呼び込みたいと思うなら、1つでいいから、ワンランク上のものを取り入れてみてください。**

家の中のインテリアでもいいし、洋服やバッグ、下着でもいいです。

自分の気分が上がりそうなものを、無理のない範囲で上質なものを取り入れてくださいね。

そうしたら、その雰囲気や使い心地、手触りなどをじっくりと感じてください。

お金のブロックが強く、お金に対して不安がある人は、こうやってひとつひとつ、ブロックを外していくといいです。

私も同じようにして、どんどん金運を呼び込んでいったのです。

お金は「出せば入ってくる」はウソ？

お金はエネルギーなので、循環させておくと自然と入ってくるというお話をしたのですが、誤解されている方もいるかもしれませんので、ここで詳しくお伝えしておきますね。

よく、「お金は出せば入ってくる」という話を耳にすることがあるのですが、ただお金をつかえばいいということではないのです。

お金のつかい方と、つかったときのあなたの気持ちがとても大切になってきます。

お金をつかうときには、自分がほんとうに楽しくて、嬉しくて、喜んでいるということを実感できることにつかってください。

そして、気持ちが苦しくなったり、つらくなったり、不安になったりするようなことにはつかわないことです。

たとえば、本当はいいものが欲しいのに、安いものを買ったりしていると、潜在意識は「安いものしか買えない私」を認識してしまって、お金はどんどん回らなくなってしまいます。

ほんとうに欲しいものを買うことに、罪悪感を持つ必要はありません。自分を大切にしてあげて、自分を喜ばせてあげてくださいね。

お金に対する「執着」を手放す

お金が欲しいという気持ちは、だれもが持っているものだと思います。

「臨時収入が欲しい」
「お給料が増えてほしい」
「売り上げが上がってほしい」

あなただってきっと、思っていますよね。こうした気持ちは持っていていてあたりまえですし、悪いことではありません。

でもね、ここで大切なことがあるのです。いくらでも「お金が欲しい」と思っていいのですが、**「執着」**になってしまわないようにしてくださいね。

「執着」になってしまうと、お金は入らないのです。

お金に執着してしまって、お金のことしか見えなくなって、物事をお金で考えて見るようになってしまうと、潜在意識はやっぱり「お金はない」と認識してしまい、お金がないことを望んでいるように受け止めてしまうのです。

だから、お金に対しては、「執着」ではなくて「楽しめる」ことを考えるといいのです。


「執着」は、重くて苦しい感情です。

お金に対してそんな感情を持たないためにどうすればいいかというと、その正反対の、軽くて楽しい感情を持つように意識すること。

お金のことを考えるときには、

「臨時収入があって楽しい！」

「お給料が増えて楽しい！」

「売り上げが上がって楽しい！」


というふうに考えると、お金に対する「執着」を手放せるようになります。

これは、お金があるという先取りの感情なので、潜在意識も「お金はある」と認識しますから、さらにお金を引き寄せることになるのです。

宇宙からサインをもらう

私たちはいつでも、選択をして生きています。

- **どっちに進んだらいいのだろう？**
- **あれとこれ、どっちをやればいいのだろう？**
- **それともやらない方がいいのかな？**

いつでもいろいろな選択肢に囲まれているんですね。

とくに自分自身に変化の時期がきているとき、大切なことを決めなくてはならないことがあるときには、迷ってしまうことがありますよね。

そんなときには、

意図して宇宙からサインをもらう

といいですよ。

寝ているときは潜在意識と繋がっているので、宇宙からのサインを受け取っている可能性がとても高いのです。

ただし、起きたときに忘れてしまうことも多いです（笑）。

だから、眠りにつく前に、意図して、

「夢の中で答えを教えてください♡」

と宇宙にお願いしておくのです。

それだけだと忘れちゃいそうなときには、

「朝起きても覚えているようにしてください♡」


と、さらにお願いします。

あなたは、やたらと眠くなることはありませんか？

私は、何か変化が起きる前には、とにかく眠くなります。それは、寝ることで魂の世界に戻り、いろいろな情報を受け取ってくる必要があるからなんですね。

もちろん、眠っているとき以外にも宇宙からのメッセージは届いています。

起きているときに宇宙からのメッセージを受け取るには、フラットな心でいることが大切です。「あれは良い」「これは悪い」と自分で判断しないで、ニュートラルな気持ちで過ごしていると、宇宙からのメッセージを感じやすくなります。

そして、シンクロニシティなどの現象に気づいたり、自分の気持ちがラクになる方を選ぶことができたりして、物事がうまく進むようになるのです。

しっかりと意図して宇宙にお願いすることで、必要な情報を受け取れるようになりますから、ぜひあなたもやってみてくださいね。

覚悟を決めることで生まれる変化のパワー

この世の中のあらゆるものは、エネルギー体なので波動を出しています。

人間も同じで、私たちはいつでも波動を出しているんです。


こんな経験はありませんか？

・朝からだれかに怒られて、悲しい気持ちや落ち込んだ気持ちになっていたら、その日はなぜか1日中、悲しいことや落ち込むことばかり起こる
・朝からだれかにほめられたり感謝されたりして、嬉しい気持ちや楽しい気持ちになっていたら、その日はなぜか1日中、良いことづくめで最高にハッピーな1日になる

こうしたことはすべて、自分のエネルギーが発している波動によって、同じ波動のものが引き寄せられているからなんですね。

ということは、自分のエネルギーが変われば、人生に変化を起こすことができるということです。

それでは、どうしたら自分のエネルギーを変えることができるかというと、それは自分の思いを決めること。そして、**「私はこうなる!」という強い思いにすること**です。

私は、お金持ちになる！

私は、夢を叶える！

私は、結婚する！


というふうに、自分の思いを決めるんです。

決めるというのは、もう後ろを振り向かないという覚悟を決めるということでもあります。

たとえば、ハワイや沖縄に旅行したかったとして、

「いつか行けたらいいですね……」

「行けるといいなあ……」


とぼんやり考えているだけでは、いつまでたっても行けません。

けれど、「ハワイに行く！」「沖縄に行く！」と決めれば、それに向かってお金を用意したり、なぜか突然その旅行に見合ったお金が入ってきて必ず行けるようになるんです。

人生もそれと同じで、強い思いを持って決めることで、そのことを実現させるためのパワーが生まれます。

こうして強い思いを持って覚悟を決めることで生まれるパワーはとても大きいので、私たちのエネルギーに変化を起こすことができるんです。

そして、エネルギーから出る波動も上がり、お金も愛も手に入れられるんですよ。

妄想を現実化する方法

あなたは、ぼんやりと考え事をすることがありますか?

私は、小さな頃から妄想が大好きでした。

だから、ぼんやりと妄想している時間がだれよりも長いです（笑）！

そしてね、今ならわかるんです。その妄想が自分の現実を形づくることにとても役立っていたんですね。

もしあなたがぼんやりと考え事をすることがあったら、その中身に注意してくださいね。ぼんやりと考えているときって潜在意識に繋がりやすいので、現実になってしまうことが多いんです。

だから、どうせぼんやりと考えるなら、トキメクような、ワクワクするような、楽しい妄想をしてくださいね。

・彼とラブラブ♡
・旦那さまとラブラブ♡
・お金持ちになっていい♡

・好きなだけ買い物していい♡
・大成功していい♡
・通帳にたくさんのお金が振り込まれていい♡
・ビジネスがうまくいっていい♡

こんな妄想をするのは、だれにも邪魔されない、「私」だけの時間です！
自分がワクワクして、妄想が止まらない♪
あなたにも、こんなふうに、たくさんの妄想を好きなだけ楽しんでほしいのです。

私は今まで、そんな妄想をたくさん現実化してきました。
お金のことだけでなく、旦那さまと復縁して結婚したことまで（笑）。

妄想を現実化するためには、潜在意識を活用する必要があります。
そのために、妄想をするなら「寝る前」がおすすめなんです。寝る前は、潜在意識の扉が開いているので、妄想がストンと入って、現実化します。

私たちは毎日眠りにつくのですから、妄想するチャンスも毎日あります。楽しくて止まらなくなるような妄想をたくさんして、現実になることを楽しみましょう。

好奇心を持ちつづける

子どもの頃はだれもが自然に持っていた好奇心ですが、大人になると失いやすくなるようです。

これはお金だけの話ではないのですが、好奇心を持っていることってとても大切です。

たとえば私は、

- お金持ちってどんな人？
- お金が稼げる人ってどんな人？
- お金が入ってくる人ってどんな人？
- お金から愛される人ってどんな人？
- お金が入るにはどうしたらいいの？
- お金持ちになるにはどうしたらいいの？
- お金が入るにはどんなことしてるの？
- 金運が上がるって？
- 金運が強いとは？

こういうことに、とーっても興味があって、「お金のことをもっと知りたい」といつも思っていました。

お金に興味があって、好奇心を持っていて、お金のことをいろいろ話すし、「お金に愛されている人に会いたい！」と思っていた私だから、たくさんのお金に恵まれた方々に会ってお話しする機会を得ることができたのです。

成功者や、こうなりたい、こうありたいという人を見たときに、

「私とは違うし」
「私には次元が違うし」
「あの人だけ特別でしょ」

というふうに思ったら、それで終わりなんです。好奇心を失ってしまうと、その先がないんですね。

だから、あきらめないことが大切。「どうしてだろう？」「知りたい！」と思う好奇心を持ちつづけてくださいね。

うまくいく恋愛や、結婚、理想の仕事なども同じです。「どうしてうまくいくの？」「知

りたい！」という好奇心を持っている人の方が、自分の望む恋愛や結婚、理想の仕事などを引き寄せます。

好奇心を持つということは、お金も恋愛もすべてにおいて自分のセンスが磨かれていきます。最初はセンスがなくて、うまくいかないこともありますね。

私は子どもの頃から、写真を見るのがとても好きで今は撮るのも好きです。自分の写真を見ると「まだまだだなあ……」と思います。

SNSの素敵な写真や、美しい写真を見て、「どうしてこんなにきれいに撮れるんだろう？」と興味はつきません。

でも、こうして興味を持ち、好奇心を持ちつづけていることがセンスを磨くことにつながっていることはわかっているので、あきらめずに「どうして〜？　知りたい！」とやっています（笑）！

子どもみたいに純粋な好奇心を失わずにいると、そのことを引き寄せるパワーになりますよ。

「清く『貧しく』美しく」をやめる

「清貧」という言葉があるように日本人に多い感覚だと思うのですが、貧しいということが「清らか」で、お金があることはその反対のような印象を持っている人にはお金は入りません。

お金が「汚い」ものだと潜在意識で認識していたら、汚いものは欲しくないですから引き寄せないのです。

貧乏がいいとされていたり、
お金の話はなるべく避けたり、

売り上げの話はしちゃいけなかったり、
お金は汚いものだからと言われていたり、
お金持ちはみんな成金に見えちゃったり、
人を騙していると思い込んでいたり、

こんなふうに思っている人は、「清く正しく美しく」ではなくて、

清く「貧しく」美しく

がいいと潜在意識に植えつけてしまっているのです。

ものの少ない時代、貧しい時代にはそうした考え方で乗り切るしかなかったのかもしれません。

でも、私たちはもうそろそろ、

「お金も心も豊か」

を目指してもいいのではないでしょうか。

実際に、豊かさは、

「心の豊かさ」

でもあるのですから。

これから、世の中はもっともっと心の豊かさが問われる時代に入っていくと思うのです。

あなたも、過去の考え方にとらわれず、「貧しさ」から「豊かさ」へ、そろそろ本気で考え方を変えていくようにしてくださいね。

そうすれば、「お金も心も豊か」という、本当の豊かさを手に入れることができますよ。

豊かになったときの自分のあり方をイメージする

これは以前私がセミナーでお話ししたことなのですが、「お金が欲しい」「収入を上げたい」という願望を持つだけでなく、そうなったときの、豊かな自分はどんなふうだろうということを常に意識していてほしいのです。

豊かになった自分は、

- どんな仕事をしているか？
- だれと一緒に過ごしているか？
- 毎日のスケジュールはどんな感じ？
- 何を大切にしている？

そして、豊かになった自分は、

今の友達、今の彼、今の夫と一緒に過ごしていたいだろうか？

そんなふうに考えると、自分がこれから取るべき行動も見えてくるはずです。

豊かになったときの自分のあり方をイメージしておくことは、幸せなお金持ちになるためにとても大切なんです。

「お金さえあれば、他はどうでもいい！」なんていう人はいませんよね。とくに女性の場合、「幸せになりたいからお金が欲しい」のだと思います。

豊かになった自分はどうしているか、ゆったりとリラックスした状態でイメージしてみてくださいね。潜在意識に届くことで、その状態を引き寄せることができますよ。

お金に対して感じる力を身につける

私は日ごろから、受講生さんやブログの読者の方から、たくさんの質問をいただいています。

質問を拝見していて感じるのは、

自分で決められない人が多い

ということです。

お財布はどんなのを買ったらいいいですか？

のように、本来なら自分で選ぶべきものを、どうしたらいいのかとご相談をいただくことも多くなってきました。

日本人の多くは物事を決定することが苦手で、時間がかかるようです。

それは、

失敗しちゃいけない
間違えちゃいけない
正確さを求めている

からなのだとか。

きっと、ご質問をくださる方も、そう思っているのかもしれませんね。

でも、私はそうした質問にはお答えしていません。

嫌だから、面倒だから答えていないのではなく、理由があるんです。

・自分が何を求めているのか？
・自分が欲しいものは何か？
・自分がやりたいことは何か？
・自分が好きなものは何か？
・自分が幸せだと思うものは何か？

こういうのって、**全部「自分の中」に答えがある**んですね。なのにだれかに答えを求めてしまうと、自分の喜びが減ってしまうんです。それに、だれかに答えてもらっていたら、自信なんてつかないんです。

だから私は、欲しいものを選ぶなら、自分の心に聞いて、自分で感じて、本人に選んでほしいと思います。

自分が欲しいものを感じないで、欲しいものを人任せにして決めてもらうなんて、ほんとうにもったいないことなんですよ。

直感で選んでみる。
欲しいと思った心に忠実になる。

自分で決めるから、
自分に自信がつくし、
自分の人生も楽しくなる♡

だから、自分の答えを出してほしいのです。それが、自分の人生の幸せと喜びになるから。

・失敗してもいい
・間違えてもいい

・損してもいい

こうした経験をするから、自分は何を好きで何が嫌いか、わかるようになっていくのです。

これは、お金に対しても同じなんですね。

自分はどのくらいのお金が入ってきたら幸せなのか？
どのくらいのお金なら稼げるのか？
何に対してどのくらいお金をつかうのか？

こうしたことをきちんと自分で決めていくことで、お金に対して感じる力が身についていくのです。

それがこれからの大きなお金に繋がっていきます。

おわりに

「お金の絶対法則」として、私がいつもどんなふうにリッチマインドを保っているかについてお話ししてきました。

この本は、私にとっては初めての「お金」に関する書籍となります。

「なんだか自分はお金の運が良くないな……」と思っていたあなたが、「自分しだいでお金が入ってくるようになる！」と思えるようになってくれることを願って書かせていただきました。

お金へのブロックが強く、あまりお金のなかった私が、どんなふうにマインドを変えることで今のようにお金が入ってくるようになったかという経験だけでなく、私が普段お目にかかっているお金持ちの人たちはどんな生活をしているのか、どんなマインドを持っているのかということも、精いっぱいご紹介してきましたが、あなたのお役に立ったなら、とても嬉しいです。

後半では具体的に実践できるワークをご紹介してきましたが、人が何かを習慣にするためには3週間は続ける必要があるのだそうです。

もしも三日坊主でやめてしまっても、どうか自分を責めずにまた新たな気持ちでスタートしてみてくださいね。

新しいことを身につけることが大変なのは、私も実感しています（笑）。

ご紹介してきたことを実践することで習慣になり、徐々にあなたの心がリッチマインドになっていき、お金の入り方が変わっていくはずです。

お金について不安に思うことがあったら、何度でもこの本を開いてみてください。

お金にまつわるワークも、毎日できなかったとしても、お金のことで不安になったらこの本を見てやってもらえれば、きっとあなたに変化がおとずれると思います。

この本が、いつもあなたの近くにあるお金のバイブルになり、あなたを豊かな世界へ導くことができれば、著者としてこれほど嬉しいことはありません。

たくさんの方が、豊かでＨＡＰＰＹになりますように。

たくさんの感謝を込めて。

碇のりこ

著者プロフィール

碇のりこ（いかり・のりこ）

1969年12月　北海道生まれ、東京育ち、神奈川県在住
スピリチュアルセラピスト・心のブロック専門家・実業家
合同会社リッチマインド代表 / 株式会社 Instyle 取締役

17歳の時にアイドルグループでデビュー。

短大卒業後、数々の職種や職業に就いた後、1998年マーケティング業界で起業。

２万人以上をマネージメントした実績を残す。

物心ついたときからスピリチュアルが身近にあったことがきっかけで、潜在意識に気づきはじめ人生が激変。

2012年にスピリチュアルに活動の軸を移し、10月からブログを開始するとすぐに話題になる。

スピリチュアル講座をはじめて５年でブログ読者17000人を超え、アクセス月120万PVの人気ブロガーになる。

現在は講座は満席。セミナー、講演回数は5000回以上。


著書に『「こころのブロック」解放のすべて』（clover出版）、『いいことだけを引き寄せる結界のはり方』（フォレスト出版）、『やったほうがイイ！邪気祓い』（日本文芸社）がある。

受講生には、

「見た目よりもサバサバしていて親近感がある」と言われる姉御肌気質。

趣味は、家族と開運旅行。

ブログ「お金と愛を手に入れる５つのリッチマインド」
http://ameblo.jp/noriko-happy-life/

無料ニュースレター「願いを叶える！運を上げる！ための実践するニュースレター８日間講座」
https://88auto.biz/noriko-life/registp.php?pid=1

わたしと宇宙《うちゅう》を繋《つな》げてすべてを手《て》に入《い》れる
「お金《かね》の絶対法則《ぜったいほうそく》」

2019年3月4日　初版発行

著者／碇《いかり》 のりこ

発行者／川金 正法

発行／株式会社KADOKAWA
〒102-8177　東京都千代田区富士見2-13-3
電話 0570-002-301（ナビダイヤル）

印刷所／図書印刷株式会社

KADOKAWAカスタマーサポート
［電話］0570-002-301（土日祝日を除く11時～13時、14時～17時）
［WEB］https://www.kadokawa.co.jp/（「お問い合わせ」へお進みください）
※製造不良品につきましては上記窓口にて承ります。
※記述・収録内容を超えるご質問にはお答えできない場合があります。
※サポートは日本国内に限らせていただきます。

定価はカバーに表示してあります。

ISBN 978-4-04-604001-5　C0030